İMAM GAZÂLÎ

ÖLÜM VE ÖTESİ

DORLION
Yayınları

İmam Gazali
Ölüm ve Ötesi

Genel Yayın Yönetmeni: Aydın Şimşek
Editör: Dorlion Editör Atölyesi

Kapak Tasarım & Sayfa Düzeni: Dorlion Tasarım Atölyesi
Baskı: Temmuz 2020

Sertifika No: 33967
ISBN: 978-605-2237-08-3

Merkez Adres: İstiklal Mah. Yeşiltepe Sok. 24/ A Eskişehir
Şube Adres: Kültür Mahallesi, Liderler İş Merkezi,
Kızılırmak Cd. D:No: 63/9 06420 Çankaya/Ankara
Tel: (0312) 433 03 78 • Gsm: (0555) 037 73 19

İç Baskı & Cilt: Bil Ofset Basım Yayın Matbaa Hizmetleri San. Tic. Ltd. Şti.
Tesviyeci Caddesi No:7/5 İskitler- Ankara

Tel: 0312 433 03 78
Sertifika No: 46767

web: www.dorlionyayinlari.com
e- posta: dorlionyayinlari@gmail.com

İMAM GAZÂLÎ

ÖLÜM VE ÖTESİ

DORLION Yayınları

İÇİNDEKİLER

MAM GAZÂLÎ (1058- 1111)

İslâm âleminin en büyük âlimlerinden biri olan İmam Gazali hicri 450 (Milâdî 1058)'de Horasan'ın Tûs şehrinde dünyaya geldi. Babası hayatını yün ticaretiyle kazanan mütevazı dindar bir Müslümandı.

Kendisi mütevazı imkânlarıyla tahsil yapamamış fakat oğullarını devrin rağbette olan bilgileri ile teçhize çalışarak ilim ve tasavvuf âlemine iki büyük şahsiyet kazandırmıştır. Bu zatlar Ebu Hamid Muhammed (İmam Gazali) ile diğer oğlu Ebü'l Futun Ahmed'i (İmam Gazali'nin Kardeş), Tûs'ta sofi bir arkadaşına emanet ve tahsilleri ile alakadar olmasını rica etmiştir. Evlatlarını küçük yaşta yetim bırakan Gazali'nin babası onları dünyada sahipsiz bırakmadı. Bu sofînin ismine kaynaklarda rastlanmıyor. Ancak bu sıralarda, Tûs'ta pek faal olan tasavvufî hayat nazar-ı itibara alınırsa bunun; Tûs'un meşhur Şeyhlerinden Ebû Ali Fadl bin Muhammed El'-Farmedî'nin müritlerinden bir zat olması kuvvetle muhtemeldir. Malûm olduğu üzere El'-Farmedî, meşhur sofî ve mutasavvıf Ebü'l Kasım Addülkerim el'Küşeyrî'nin (İrtihali H. 465 / Milâdî 1072) müridi idi.

Evvelâ Tûs'ta Ahmed Muhammed el Razakanî'den bir müddet fıkıh okuyan Gazali, sonra Cürcan'a giderek, İmam Ebu Nasr'al İsmailî'den de ders okudu. Bu dersleri havi notlarını, yolda haydutların gasp ettikleri, ricası üzerine iade etmeleri ve bu hadiseyi ilahi bir ikaz sayarak bu olaydan sonra bütün öğrendiği bilgileri ezberlemesi hadisesi çok meşhurdur. Bundan sonra Nişabur'a giden Gazali, Horasan'ın mutlak içtihat derecesine varan İmamı, İmam'ül Haremeyn Ebu'l-Ma'ali el-Cuveyni'nin (vefatı 478) derslerine devama başladı. Vezir Nizam'ül Mülkün kendi adına izafeten yaptırmış olduğu Nizamiye medresesinde dinlediği bu dersleri az zaman zarfında tam bir vukuf ile elde eden Gazali, İmam'ül Harameyn'in en gözde üç talebesinden biri olarak tanındı.

Nizam'ül Mülk Nişabur'daki Nizamiye medresesinde hilafiyat ve usul kürsüsüne İmam'ül Haremeyn'i tayin ederken, Bağdat'ta da yaptırdığı Nizamiye medresesinin kürsüsüne de Irak'ın meşhur fakihi Ebu İshak İbrahim b. Ali el'Şirazî 'yi (Vefatı 474) tayin etmişti. İmam'ül Haremeyn'in vefatın (478 Hicri)'den sonra, Bağdat'ta Nizam'ül Mülk'ün meclisinde gördüğümüz Gazali'yi bilahare Bağdat Nizamiye medresesinin müderrisi (Profesörü) Ebu İshak Şirazi'nin (H. 184 / M. 1091)'de vefatı üzerine mezkûr medresenin (Üniversitenin) kürsüsünde görüyoruz.

İlminin genişliği, lisanının belagat ve fesahati ve öğretici olarak şöhreti kısa zamanda bütün memlekete yayıldı. Çok geniş bir talebe kitlesi derslerine devama başladı. Bu hal 488 senesine kadar devam etti. Fakat bu tarihte yavaş yavaş hissettiği ve kalbine düşen şüphe tohumlarının gittikçe kuvvetlenmesi, halet-i ruhiyesi üzerinde tesirler icra etmeye başladı. (Bu halleri bizzat kendinin kaleme aldığı el'Munkızu min'ed-Dalâl isimleri eserinde tafsilatıyla yazılıdır.) Bunun üzerine ders vermeyi terk etti. Bir müddet her şeyden şüphe ederek, sofistik bir hayat yaşadı. Dili tutulmuş, fesahat ve belagati zail olmuştu. Nihayet ilâhî bir lütuf eseri olarak (Kendi deyişiyle "Allahu Teâlâ'nın kalbime ilka ettiği bir nur ile" şüpheden tamamıyla azade bir imanın doğması üzerine gayb âleminin esrarına ittilâ yolları göründü. Kal (lâf) âleminden hal âlemine ulaşmanın verdiği neşe içinde Bağdat'ı terke, halvet ve uzlet hayatı yaşamağa karar verdi. Bu sıralarda yıl 488 olduğuna göre Gazali Hazretleri 33-39 yaşlarında idi.

Ancak birdenbire tedrisi terk etmesine itiraz edileceğini bildiğinden, hac niyeti ile Hicaz'a gideceğini söyleyerek yerine kardeşi Ebül-Fütuh Ahmed el 'Gazali'yi (vefatı 520) bıraktı. Doğruca Şama gitti. 489'da Şam'a gelen Gazali bu şehirde iki sene kadar kalmış, uzlet ve halveti ihtiyar ederek, riyazet ve mücahede ile dolu tam bir derviş hayatı yaşamıştır. Evvelce tasavvuf kitaplarında okuduklarını burada nefsinde tatbik ederek, Emeviye enmi'inde itikâfa giren

Gazali'nin kalbinde Resulallah Efendimizin (s.a.v.) Ravda-ı Mutahharasını ziyaret ve Kâbe'yi ziyaret arzusu uyanması üzerine buradan ayrıldığını öğreniyoruz. Hicaz'a gitmeden yolda Kudüs-ü Şerife'de uğrayan Gazali Hazretleri burada Hz. İbrahim (A.S.)'i ziyaret etmiş orada (Sahra'da) dua ve zikir ile nefsini tezkiye etmiştir. Haç farizasını ifadan sonra artık tam kemâle eren Gazali Hazretleri zahir ve batın ilimlerinin üstadı yani "zûlcenaheyn" olarak Bağdat'a döndü. Burada asrımıza kadar şöhreti artarak devam dünyaca meşhur (İhya-u Ulumid'din) kitabını okutmaya başladı. Fakat üstadın artık mizacına tamamıyla hâkim olan sofiyane hayatı yaşama isteği onu doğduğu yer olan Tûs'a çekilmeye sevk etti. Burada 10 sene kadar dervişane yaşayan Gazali Hazretlerini Vezir Fahrülmülk tekrar Nizamiye medresesine dönmeye razı etti. Halkın zayıflayan imanı karşısında, bid'at ehlinin kuvvetlendiğini gören Gazali Hazretleri ulema ile istişare ederek, halvet ve inzivanın caiz olmadığına kanaat getirip 499 (M. 1105)'da tekrar ders vermeye başladı. Fakat bu ikinci tedris hayatı pek kısa sürdü. Bir sene kadar ders okuttuktan sonra tekrar doğduğu yer olan Tûs şehrine avdet etti. Feyizli ve ihya edici ömrünün son beş senesini kendi parası ile inşa ettirdiği tekke ve medresede, hususi talebeler okutmak ve hak âşıkları yetiştirmek, batıl ve sapık cereyanları yıkan birbirinden kıymetli eserlerini telif etmekle ve riyazet, mücahede, ibadetle geçirdi. Nihayet 14. Cemâziyelahır 505 (19 Aralık 1111) Pazartesi günü Cemâl âlemine yürüdü. Cenab-ı Allah'ın Rahmeti üzerine olsun. Âmin.

Sapık cereyanlara Karşı Gazali

Gazali Hazretleri, bozuk ve sapık fikirlerin ve batıl mezheplerin bütün dehşetleri ile cereyan ettiği bir zamanda ve zeminde yaşamıştır. Anadolu Fatihi Büyük Selçuklu - Türk İmparatoru Alparslan'ın ilk devirlerinde, batıl mezhepler, hususiyle Bâtıniye mezhebi İslâm Âlemini fitne ve fesada boğmuştu. Her bozuk mezhebin membaı olan İran bu seferde Bâtınilik ve İsmailiği ortaya çıkardı. İslam'a belki de en büyük zararı vermiş olan bu zararlı cereyanların mensupları, Hasan Sabbah ve avanesi, Kur'an-ı Kerim'in ayetlerini batıl tevillerle izah etmeye çalışıyorlardı. Muhkem ayetlerle tenakuz halinde olan tefsir ve beyanlarda bulunarak "Ehl-i Sünnet Vel-Cemeat" yolunu tıkamak istiyorlardı. Allah Yolunun eşkıyaları olan ismi geçen mezhep mensuplarının fitne ve faaliyetleri ile Âlem-i İslâm'da umumi bir huzursuzluk meydana gelmişti.

Her asırda bir müceddid tarafından izale edilen bu gibi sapıklıklar V. asırda İmam Gazali Hazretleri tarafından karşılandı. Bu sapıklıklara karşı başta İmam Gazali Hazretleri olmak üzere çok kıymetli bir irfan kadrosu harekete geçti. Fakat Gazali Hazretlerinin ilmi kudreti ve kalplere tesir, akılları durduran reddiyeleri diğerlerinin hepsini bastırıyordu. Nizam-ül Mülk kendisine hayran olmuş ve Gazali'ye "Zeynüd'din / Dinin Ziyneti" unvanını vermiştir. Gazali Hazretleri vakıaların tespit ve şehadetiyle asrının müceddidi idi. İmam Gazali mutezileye karşı (Fays'ül-Tefrika beyn-el İslâm ve'1-Zendeka), İsmailílere karşı (el-Mus-tahziri), (Mufassil'al-Hilaf) (el-Durc al-Merkum), (el-Kıstas'ül-Müstakim) eserlerini yazmış ve onların batıl mezheplerini iptal etmiştir.

Felsefe: İmam Gazâlî felsefecilerin fikriyatını öğrenmek için evvela iki sene kadar felsefe ile uğraştı. Bu iki sene zarfında felsefeye vukuf peyda etti. Bir senede öğrendiklerini tekrar eden Hz. Üstat, bu sahadaki tetkiklerinde, felsefenin İslâm dini bakımından ihtiva ettiği hataları meydana çıkarmayı gaye ittihaz eder. Felsefe mevzuunda felsefecilerin maksatlarını anlatan (Makasıd-ül-Felasife) isimli eserini yazmış bilahare onların sapıklığını ispat eden (Tehafüt-ül-Felasife) isimli meşhur kitabını yazmıştır.

Tasavvuf: Gazali'nin memleketi olan Tûs o asırda bir tasavvuf merkezi idi. Gazali küçüklüğünde ve talebeliği esnasında sofi muhitlerinde yaşadı. Tedris hayatında ise tasavvuf ikinci plânda kaldı. Nihayet geçirdiği ruh ve iman buhranından sonra tekrar tasavvufa döndü.

Eserleri

İmam Gazali'nin eserleri pek çok olup, alfabe sırasına göre bir listesi, al'Murtaze'el-Zebidi tarafından tanzim edilmiştir. Biz burada Gazali Hazretlerinin Türkçeye tercüme edilen kitaplarından tespit edebildiklerimizi sıralayacağız: İhya-i Ulum'id-Din en meşhur eseridir.

Kimya-ı Saadet.

El-Erbain (Kırk Esas)

El-İtikad fi'l-iktisad (İtikatta İktisat)

Mükaşife'tül-Kulûp (İlâhî Nizam)

Minhac'ül-Abidin (Abidler Yolu)

Mizan'ül-Amel (Amellerin Ölçüsü)

Cevahir'ül-Kur'an (Kur'an'dan Cevherler)

Eyyühel Veled (Ey Oğlum)

Ravdat'üt Talibin (Tasavvufun Esasları)

Dürret'ül-Fahir (Kıyamet ve Ahiret)

El-Munkız-u min-ed-Dalal

El-Hikmet-ü fi Mahlukatillah (Varlıkların yaradılış hikmetleri)

Nasihat'ül Mülûk (Devlet Başkanlarına Nasihatler)

Bidayet'ül-Hidaye

Sırr'ül-Âlemin (Âlemlerin Sırrı)

El-Keşf'ü vet'Tebyin

Hülasat'üt Tesanifi fit'Tasavvufi (İrfan Ordusunun El Kitabı)

Mearic'il-Küds (Mukaddes Merdivenler)

Mirac'üs-Salikin (Hak Yolcularının Miracı)

El'Kıstas'ül-Müstakim

Kavaid'ül-Akaid (Akaidin Esasları)

El-Madnun'üs-Sağir (Sorular ve Cevaplar)

Tehafüt'ül-Felâsife (Felsefecilere Cevap)

Mişkat'ül-Envar (Nurlar Feneri)

Er-Risalet'üt-Ledünniyye (İlahi Sır)

Faysal'üt-Tefrika Beyn'el-İslâm vez-Zendeka

Et-Tecrid fi Kelimatit-Tevhid. (Kelime-i Tevhid Kal'ası)

Zübdet'ül İhya

El-Mürşid'ül-Emin

El-Kanun'ül-Külli fit-Tevil (Tevil Hakkında Genel Bir Kaide) Kitab-ı Kavasım El-Batıniyye.

"Ölüm insanlara öğütçü olarak yeter."

Hadis-i Şerif

DÜNYAYI TERKETMEK ONU KÖTÜLEMEK

Dünyayı zem hakkında inen ayetler ve emsali pek çoktur. Denilebilir ki, Kur'an-ı Kerim'in geneli dünyayı aşağılamak, onu insanların gözünden düşürmek ve Ahirete yönelmelerini sağlamayı telkin eder. Hatta peygamberlerin amacı da budur, onlar insanlığa ancak bunun için gönderilmişlerdir.

Bu mesele ile ilgili olan hadislerin bir kısmını nakledeceğiz.

Rivayete göre peygamberimiz (s.a.v.) bir gün yolda yürüyen bir koyun leşine rastlar, yanındakilere; "Pis koyun leşine, sahibinin önem vermediğini kabul eder misiniz?" diye sordu.

Sahabeler; "Evet, kabul ederiz, önem vermediği için onu çöpe attılar," diye cevap verdiler.

Bunun üzerine peygamberimiz (s.a.v.) sahabelere buyurdu ki: "Nefsimi kudreti elinde tutan Allah'a yemin ederim ki Allah katında dünya, şu koyun leşinin sahibinin gözünde olduğundan daha değersizdir. Eğer Allah katında dünya bir sivrisinek kanadı kadar değer taşısaydı, ondan kâfirlere bir içim su bile vermezdi."

Peygamberimiz (s.a.v.) buyuruyor ki: "Dünya müminin zindanı ve kâfirin cennetidir."

Peygamberimiz (s.a.v.)buyuruyor ki: "Dünya lanete uğramıştır. Allah rızası için olanlar dışında dünyadaki her şey de lanete uğramıştır."

Ebû Musa el-Eş'arî'nin bildirdiğine göre; peygamberimiz (s.a.v.) söyle buyuruyor:

"Dünyayı seven, Ahiretine zarar verir, Ahireti seven dünyasına zarar verir. Buna göre kalıcı (baki) olanı geçici (fani) olana tercih ediniz."

Peygamberimiz (s.a.v.) buyuruyor ki: "Dünyaya, gönül vermek, bütün günahların başıdır."

Sahabelerden Zeyd İbni Erkam (r.a.) buyurur: "Bir gün, Hz. Ebû Bekr'in (r.a.) yanında oturuyordum. Bir ara su isteyince ona bal ile tatlandırılmış su getirdiler. Şerbeti ağzına götürürken bir anda vazgeçerek ağlamaya başladı, onun gözyaşları yanındakileri de ağlattı. Yanındakiler sustu fakat onun gözyaşları bir türlü dinmedi. Bir ara ağlamasının şiddeti daha da arttı. Devamlı hüngür hüngür ağladığı için yanındakiler, neden gözyaşı döktüğünü ona sormaya fırsat bulamayacaklarını sandılar.

Fakat bir müddet sonra ağlamayı kesti ve gözlerini silince yanındakiler ona; 'Ey Allah'ın Resul'ünün halifesi! Seni ağlatan nedir,' diye sordular, O da şöyle cevap buyurdu:

'Bir gün peygamberimiz ile birlikte idim, onu kendinden bir şeyi kovarken gördüm, yanında başka kimse yoktu. 'Ey Allah'ın Resulü! Kendinden uzaklaştırmak istediğin şey nedir,' diye sordum, bana şu cevabı verdi:

'Şu dünya gözümün önüne dikildi, ona 'Defol! Uzaklaş benden!' dedim, sonra bana dönerek, 'Sen beni başından savdın ama senden sonra gelenler elimden yakalarını kurtaramayacaklardır,' dedi."

Peygamberimiz (s.a.v.) buyuruyor ki: "Ebedilik yurdunun varlığına inandıktan sonra aldatma yurdunun peşinden koşan kimse, ne kadar şaşkındır!"

Rivayet edildiğine göre bir gün peygamberimiz (s.a.v.), bir çöplüğün başında durarak sahabelere; "Gelin dünyayı görün," diye seslendi; sonra çöplükten çürük bir bez parçası ile kararmış bir kemik parçası aldı ve sahabelere şöyle dedi: "Çöplük dünyayı temsil eder, şu paçavra dünya güzelliklerinin bir gün çürüyüp onun gibi olacağını gösterir, dünyada gördüğüm canlı vücutlar da bir gün çürük kemiğe dönüşecektir."

Peygamberimiz (s.a.v.) buyuruyor ki: "Dünya tatlı bir yeşilliktir, Allah yeryüzünü şimdi size devretti; ne yapacağınızı gözlüyor. Dünya İsrailoğullarının önüne yayılınca ve üzerindeki hâkimiyetleri pekişince şaşırarak süslere, elbiselere, tatlı kokulara ve kadınlara daldılar."

Hz. İsa: "Dünyayı ilâh tutmayınız ki o da sizi köleleştirmesin. Hazinelerinizi, onları kaybetmeyecek olan Allah'ın katında biriktiriniz. Çünkü dünyada biriktirilen hazinelerin başına bir kaza geleceğinden her zaman endişe edilir. Oysaki Allah'ın katında hazine sahibi olanın kazadan korkusu yoktur."

Yine Hz. İsa (a.s.) buyurur ki: "Ey havarilerim! Dünyayı sizin için yüzüstü yere yatırdım, benden sonra bir daha belini doğrultmasına imkân vermeyiniz. Zira dünyanın çirkin taraflarından biri, orada Allah'a karşı gelinmesidir. Yine onun diğer bir çirkin yönü, ona yüz çevirmeden Ahiretin ele geçirilmemesidir.

Ey havarilerim! Dünyayı üzerinde geçilip gidilecek bir köprü kabul ediniz, onu kalıcı bir yurt sayıp imar etmeye kalkışmayınız. Biliniz ki her günahın kaynağı dünya sevgisidir. Nice bir anlık azgın arzular sahiplerine uzun acılara mal olmuştur. Dünyayı önünüzde çökerttim ve sözde sırtına bindiniz. Sakın orada krallar ile ve kadınlar ile çatışmaya girişmeyiniz. Krallar ile dünya üzerindeki çekişmeye kalkışmayınız çünkü onları dünyaları ile baş başa bıraktıkça size dokunmazlar. Kadınlara gelince onlara tutulmaktan namaz ve oruç sayesinde kaçınınız. Dünya hem isteyen hem de istenen bir şeydir. Dünyadaki rızıklarını tamamlasınlar diye, Ahireti gaye edinenlerin dünya, peşlerinden koşar. Buna karşılık dünya düşkünlerini de Ahiret arar, ölüm gelip de yakalayıncaya kadar."

Musa Bin Yesar'ın rivayetine göre peygamberimiz (s.a.v.) buyuruyor ki: "Yüce Allah'ın, yarattıkları içinde en nefret ettiği varlık, dünyadır, yarattığından beri onun hiçbir tarafına bakmamıştır." Rivayet edildiğine göre, bir gün Hz. Süleyman Bin Davud (a.s.) üzerini gölgeleyen kuşlar, sağında ve solunda insanlar ve cinlerden meydana gelmiş maiyet kıtası arasında yürürken İsrailoğullarından bir abid ile karşılaşır.

İsrailoğlu abid ona der ki: "Ya Süleyman İbni Davud, yemin ederim ki Allah sana gerçekten muhteşem bir saltanat bağışladı."

Hz. Süleyman bunu işitti ve İsrailoğlu abide şu cevabı verdi: "Müminin amel defterine yazılan bir teşbih Süleyman İbni Davud'a verilen parlak saltanattan daha hayırlıdır. Çünkü Süleyman'a verilen saltanat geçicidir ama müminin teşbih sevabı kalıcıdır."

Peygamberimiz (s.a.v.) buyuruyor ki: "Servet biriktirme hırsı sizi baştan çıkardı. Âdemoğlu, malım malım, der durur. Oysaki yiyip tükettiğinden, giyip eskittiğinden ve sadaka olarak verip geri kalanını bıraktığından başka ne malın var ki?"

Peygamberimiz (s.a.v.) buyurur ki: "Dünya yurtsuzların yurdudur ve züğürtlerin servetidir. Dünya için aklı olmayanlar varlık biriktirir, onun uğruna cahiller çatışmaya girişir, ondan dolayı anlayışsızlar kıskançlığa kapılır, onun peşinden ancak kesin imana sahip olmayanlar koşar."

Peygamberimiz (s.a.v.) buyuruyor ki: "Birinci derecede dünyaya önem veren kimsenin, Allah'tan hiçbir şey beklemeye yüzü olamaz. Ulu Allah dört hasleti onun kalbinden hiç çıkarmaz:

1. Kurtuluşu olmayan bir endişe,

2. Hiç boş vakit bırakmayan kesintisiz bir meşguliyet,

3. Hiçbir zenginliğe varamayan fakirlik,

4. Hedefine varması imkânsız bir ihtiras.

Sahabelerden Ebû Hureyre (r.a.) buyurur: "Bir gün Peygamberimiz bana: 'Ya Ebû Hureyre! Sana bütün içyüzü ile dünyayı göstereyim, ister misin?' dedi, ben de; 'Evet isterim, Ya Resulallah,' diye cevap verdim.

Bunun üzerine elimden tutarak beni Medine'nin kuru derelerinden birine götürdü, karşımızda insan başları, insan tersi, paçavralar ve kemik parçalarından ibaret bir çöp yığını duruyordu.

Bu manzara karşısında peygamberimiz şöyle buyurdu: 'Ya Ebû Hureyre! Şu başlar da sizin gibi muhteris ve sizin gibi uzak vadeli emeller peşinden koşan insanların başları idi, şimdi çıplak kemik haline geldiler, daha sonra da rüzgârda uçuşan toza dönüşeceklerdir.

Şu tersler de onların çeşit çeşit yiyecekleri idi, nereden kazanmışlar ise kazanmışlar ve midelerine indirmişlerdi, şimdi insanların yanlarından tiksinti ile kaçıştığı pislikler haline girdiler.

Şu paçavralar onların nişan takıntıları ve elbiseleri idi, şimdi rüzgârda uçuşuyorlar. Şu kemik parçaları da onların binek hayvanlarına ait idi, onların sırtında belde belde dolaşırlardı. Binaen aleyh dünya üzerine ağlamak isteyen ağlayabilir."

Önce sessizce dökülmeye başlayan gözyaşlarımız, gitgide yerini hüngür hüngür ağlamaya bıraktı.

Rivayet olunur ki; Allah (c.c.) Hz. Âdem (a.s.)'i yeryüzüne indirdiği zaman ona; "Yıkılmak üzere bina yükselt ve ölmek için doğur," buyurmuştur.

Davud İbni Hilâl (r.a.) der ki: "Hz. İbrahim'e indirilen sayfalarda şöyle yazar: Ey dünya! Sen gözlerine girmek için süslenip püslendiğin iyi kullarımın gözünde ne kadar önemsizsin! Çünkü ben onların kalbine sana karşı nefret ve senden yüz çevirme duygusu koydum.

Yarattığım varlıklar içinde nazarımda en önemsizi sensin, gelişmelerin cücedir ve yokluğa varır. Çünkü seni yarattığım gün devamlı kalmamana ve yok oluncaya kadar bir elde devamlı bulunmamana hüküm verdim, sana sahip olanların bütün cimrilik ve pintiliğine rağmen böyledir bu! Yüreklerinden hoşnutluk doyarak kalplerini bağlılık istikameti üzerinde tutarak bana ibadet edenlere ne mutlu! Onlara müjdeler olsun ki yaptıklarına vereceğim karşılık, kabirlerini üzerine dikilip huzuruma gelirlerken önlerinde yayılan göz kamaştırıcı bir nur, çevrelerini kuşatmış melekler kafilesi olacaktır, ta ki dilekleri olan rahmetime ulaşmalarını sağlayıncaya kadar."

Peygamberimiz (s.a.v.) buyuruyor ki: "Allah dünyayı yarattığından beri O, yer ile gök arasında kendi halinde bırakılmıştır, Allah onun tarafına hiç bakmaz. Kıyamet günü, dünya; 'Ya Rabbi! Bu gün beni dostlarının en küçük rütbelisine ver,' der. Yüce Allah: Ey hiçlik, Sus! Ben seni onlara, dünyada lâyık görmemiştim, şimdi hiç lâyık görür müyüm?"

Rivayete göre, Hz. Âdem (a.s.) yasaklanmış ağacın meyvesini yediği zaman, midesi içindeki ağırlığı çıkarmak üzere guruldamaya başladı. Oysaki yasak meyveye gelinceye kadar hiç bir cennet yiyeceği midesini böyle bozmamıştı, zaten o ağacın meyvesini yemeleri bu yüzden yasaklanmıştı.

Midesi rahatsızlanan Hz. Âdem cennet içinde dolaşmaya başladı. Allah meleklerden birini onun ile konuşmaya gönderdi, gelen melek ona; "Ne istiyorsun?" diye sordu. Hz. Âdem meleğe; "Mideme çöken ağırlığı boşaltmak istiyorum," diye cevap verdi.

Allah'ın talimatı üzerine Melek Âdem'e şöyle dedi: "Midene çöken ağırlığı nereye boşaltmak istiyorsun? Döşeğine mi yaygılara mı nehirlere mi yoksa ağaçların altlarına mı? Burada böyle bir şey için uygun bir yer görüyor musun hiç? Doğruca dünyaya in!"

Peygamberimiz (s.a.v.) şöyle buyurdu: "Kıyamet günü Allah'ın huzuruna öyleleri gelecektir ki Tihame Dağı kadar amelleri olduğu halde cehenneme atılmaları emir olunacaktır."

Dinleyen sahabeler; "Ya Resulallah! Bu kimseler namaz da kılıyorlar mıydı?" diye sordular. Peygamberimiz sahabelere şöyle cevap verdi: "Evet, bunlar namaz kılarlar, oruç tutarlar, hatta gecenin bir bölümünü de ibadetle geçirirlerdi. Fakat karşılarına bir dünya varlığı çıktığı zaman üzerine çullanırlardı."

Peygamberimiz bir hutbesinde şöyle buyurdu: "Mümin iki korku arasındadır. Biri geçip giden ömürdür ki, onun hakkında Allah'ın ne yaptığını bilmez, diğeri kalan ömürdür ki onun hakkında, Allah'ın ne hüküm vereceğini bilmez.

O halde herkes kendi kendine, dünyasından Ahiretine, hayatından ölümüne ve gençliğinden yaşlılığına azık hazırlamalıdır. Zira dünya sizler için yaratıldı, siz ise Ahiret için yaratıldınız.

Nefsimi kudret elinde tutan Allah'a yemin ederim ki ölümden sonra suali gerektiren bir şey yoktur. Dünyadan sonra da ya cennet ya cehennemden başka bir diyar yoktur."

Hz. İsa (a.s.) der ki: "Su ile ateş aynı kapta nasıl barınamazsa, dünya sevgisi ile Ahiret sevgisi bir müminin kalbinde öyle bağdaşmaz."

Rivayet edildiğine göre, Cebrail (a.s.) Hz. Nuh'a (a.s.); "Ey peygamberlerin en uzun ömürlüsü, dünyayı nasıl buldun?" diye sorar.

Hz. Nuh da; "Karşılıklı iki kapısı olan bir ev gibi birinden girdim öbüründen çıktım," der.

Hz. İsa'ya; "İçinde devamlı barınacağın bir ev tutsana," derler. Hz. İsa da; "Bizden öncekilerin bıraktıkları yıkıntılar yeter bize," diye cevap verir.

Peygamberimiz (s.a.v.) buyuruyor ki: "Dünyadan sakının çünkü o Hârut ile Mârut'dan daha büyüleyicidir."

Hasan el-Basrî (r.a.) buyurur: "Peygamberimiz (s.a.v.) bir gün sahabelerin karşısına geçerek onlara şöyle hitap etti; "Aranızda Allah'ın kendisini körlükten kurtararak görür hale getirmesini isteyen var mı? Beni dinleyiniz. Dünyaya tutulanların ve dünya ile ilgili uzak vadeli emeller besleyenlere tutkunluk vermiştir ve emelleri ölçüsünde Allah (c.c.) kalplerini kör etmiştir.

Buna karşılık dünyada gözü olmayanlara, ondan fazla bir şey beklemeyenlere Allah, ders görmeden ilim ve kılavuzsuz hidayet vermiştir.

Beni dinleyiniz! Sizden sonra öyle bir kavim gelecektir ki saltanatları cinayet ve zulümsüz yürümeyecek, zenginlikleri cimrilik ve böbürlenmeden hali olmayacaktır. Sevgileri, mutlaka azgın nefsi arzulara dayanacaktır.

Beni iyi dinleyiniz! O günlere kalanlarınızdan zengin olmak ellerinde iken fakirliğe katlananlar, sevgiye layık iken nefrete karşı tahammül edenler, şöhret ve mevki elde edebilecekleri halde itilmeye kakılmaya hoşnutlukla dayananlar ve bütün bunları sırf Allah rızası için yapanlara Allah elli Sıddık sevabı verir."

Rivayet edildiğine göre bir gün Hz. İsa (a.s.) şimşekli, gök gürültülü sağanak bir yağmura tutulur, sığınacak bir yer arar, uzakta gözüne bir çadır ilişir, yanına varınca içerde bir kadının oturduğunu görür, bu yüzden oraya sığınmak istemez.

Sağanak altında yürümeye devam ederken az sonra bir dağda bir mağaraya rastlar, kapısından içeri girmek üzere iken yerde bir aslanın yattığını görür, eli ile aslanın tüylerini okşayarak Allah'a şöyle seslenir: 'Allah'ım! Her canlıya bir yuva verdin, tek bana bir yuva nasip eylemedin.' Bunun üzerine Yüce Allah (c.c.) vahiy yolu ile O'na şöyle bildirir:

"Senin yuvan benim rahmetimin karargâhıdır. Seni kıyamet günü kendi kudretimden yarattığım yüz huri ile evlendireceğim, düğününde her bir yılı dünya ömrü kadar uzun olan dört bin yıl ziyafet vereceğim. Bir tellâla, emir vereceğim, şöyle seslenecek: Dünyaya yüz vermeyenler nerede? Dünyadan el etek çekmiş olan Meryem oğlu İsa'nın (a.s.) düğününe buyurun." Bu vahiy üzerine Hz. İsa şöyle der: "Vay, dünyaya tapanların başlarına gelene! Nasıl ölecek, dünyayı ve dünyadaki yaratıkları nasıl bırakacaklar? Dünya onları aldatıp durduğu halde onlar yine de ona hiç bir tereddüde kapılmadan güveniyorlar.

O aldanmışlara yazıklar olsun! Nasıl dünya onlara hoş lanmadıkları şeyleri göstermiş, onları sevdiklerinden ayırmış ve korktuklarını başlarına getirmiştir.

Ana hedefi dünya ve işledikleri hep günah olanların vay başlarına gelene! Yarın günahları yüzünden nasıl rezil olacaklardır."

Söylendiğine göre ulu Allah (c.c.) Hz. Musa'ya (s.a.v.) şöyle vahyetti: "Ya Musa! Zalimler yurdu (dünya) ile senin işin ne? Orası sana göre bir yurt değildir. Onunla İlgini kes, onu aklından çıkar, o ne kötü bir yurttur!

Yalnız orada iyi amel işleyenlere göre o, ne güzel bir yurttur. Ya Musa, mazlumun hakkını alasıya kadar, ben zalimin peşini katiyen bırakmam."

Rivayet edildiğine göre, peygamberimiz Ebû Ubeyde'yi (r.a.) Bahreyn'e gönderir, o da seferden mal getirir; insanlar, Ebû Ubeyde'nin döndüğünü duyunca sabah namazını birlikte kılmaya koşarlar. Peygamberimiz (s.a.v.) namazdan sonra mescitten çıkarken sahabeler önüne dikilirler. Onları böyle gören peygamberimiz gülümseyerek; "Sanıyorum ki Ebû Ubeyde'nin bir şeyler getirdiğini duydunuz," der.

Ensar: "Evet, Ya Resulallah," diye cevap verirler. Bunun zerine peygamberimiz onlara şöyle buyurur: "Sevinin ve mutluluk emellerine kaptırın kendinizi bakalım! Allah'a yemin ederim ki sizden yana korkum, fakirlikten değildir. Tersine dünyanın sizden öncekilere olduğu gibi sizin de önünüze bolluk yaymasından korkarım, geçmiş milletler gibi ondan daha yüksek pay alma yarışına girişirsiniz de Allah onları helak ettiği gibi sizi de helak eder."

Ebu Saîd el-Hudrî (r.a.) der ki: "Peygamberimiz (s.a.v.) şöyle buyurdu: Sizden yana en büyük korkum, Allah'ın sizin için yerden çıkardığı bereketler ile ilgilidir."

Sahabeler ona sordu:

"Ya Resulallah, yerin bereketleri nedir?"

Peygamberimiz: "Her türlü dünya varlığı," diye cevap verdi.

Peygamberimiz (s.a.v.) bir hadiste; "Dünya düşüncesi ve sözü ile kalbinizi oyalamayınız," buyuruyor.

Görülüyor ki peygamberimiz dünyaya, değil göz koymayı onu anmayı bile yasaklamıştır.

Ammar İbni Said der ki: "Hz. İsa havarileri ile birlikte gezide iken bir köye uğrar, köyün halkını yollara, öteye beriye serilmiş, ölüler olarak bulur. Arkadaşlarına: 'Ey havariler cemaati bu köyün halkı Allah'ın gazabına uğrayarak ölmüş olmalıdır, böyle olmasaydı birbirlerini gömerlerdi,' der.

Havariler ona; "Ey Rûhullah, biz onların başlarına gelenleri bilmek isterdik," derler. Bunun üzerine Hz. İsa Allah'a yalvarır Allah da ona; "Karanlık basınca onlara seslen sana cevap verirler," diye vahyeder. Akşam olunca Hz. İsa bir tümseğin üzerine çıkarak; "Ey köy halkı," diye seslenir. Bir ses ona; "Buyur ya Rûhullah," diye cevap verir.

Hz. İsa: "Ne durumdasınız, başınızdan neler geçti?" diye sorar,

"Akşam tasasız ve endişesiz uykuya yattık, sabah olunca hemen yuvarlandık," diye cevap verir.

Hz. İsa: "Başınıza bu hal neden geldi?" diye sorar.

"Dünya'ya tapmamızdan ve Allah'ın emirlerine karşı gelenlere boyun eğmemizden dolayı," diye cevap verir.

Hz. İsa: "Dünya sevginiz nasıldı?" diye sorar.

"Bebeğin annesini sevdiği gibi, yüzünü bize doğru döndüğü zaman sevinir, arkasını döndüğü zaman işlerimiz ters gidince üzülür, ağlardık," diye cevap verir.

Hz. İsa: "Niye arkadaşların bana cevap vermiyor?" diye sorar.

Gizli ses: "Çünkü onların ağızlarına ateşten gemle vurulmuş ve gemlerin öbür ucu kaba ve sert melekleri elinde," diye cevap verir.

Hz. İsa: "Sen bana nasıl cevap verebiliyorsun?" diye sorar.

"Çünkü ben onların arasındaydım, ama onlardan değildim. Fakat onlara gazap inince beni de içine aldı, şimdi cehennemin ağzına ellerim ile tutunmuş sarkık vaziyette duruyorum, kurtulur muyum yoksa içine mi yuvarlanırım, bilmiyorum," der.

Bunun üzerine Hz. İsa havarilere der ki: "Acı tuza batırılmış arpa ekmeği yiyerek, kaba işlemeden elbise giymek ve çöplükte yatmak, dünya ve Ahiret afiyeti olunca çoktur bile."

Sahabelerden Enes (r.a.) der ki: "Peygamberimiz (s.a.v.) Adila isminde bir devesi vardı, hiçbir deve onunla yarışamazdı. Fakat bir gün taşralı bir Arap devesi ile geldi, yapılan yarış sonunda onun devesi peygamberimizin devesini geçti, bu durum Müslümanlara dokundu. Durumun farkına varan peygamberimiz bize şöyle buyurdu: "Dünyada Allah bir şeyi yükseltince bir gün onu düşürmek onun kaçınılmaz hükmüdür."

Hz. İsa şöyle der: "Denizin dalgaları üzerinde kim ev yapabilir? İşte sizin dünyanız da böyledir, o halde onu yurt edinmeyin."

Hz. İsa'ya; "Bize Allah'ın sevgisin kazandıracak bir ilim öğret." Derler. Hz. İsa da: "Dünyadan nefret ediniz ki Allah sizi sevsin," diye cevap verir.

Ebû'd-Derdâ der ki: " Bir gün bize, benim bildiklerimi bilseydiniz, az güler, çok ağlardınız. Dünya gözünüzde önemini kaybeder, Ahireti tercih ederdiniz," buyurdu, sonra Ebu'd-Derdâ kendisinden şunları söylemiştir: "Şimdi de eğer siz benim bildiklerimi bilseydiniz, başınızı alıp tepelere çıkar, halinize hüngür hüngür ağlayarak Allah'a yakarırdınız. Yanınıza yalnız zaruri ihtiyaçları alır, kimseye emanet etmeksizin ve bir daha dönmemek üzere mallarınız terk edip giderdiniz.

Fakat uzun vadeli emeller kalbinizden Ahiret fikrin sildi, bütün emeklerinizin hedefi dünya oldu, bu yüzden hiç bir şey bilmeyenler gibi oldunuz. Bazılarınız başına geleceklerden korktuğu için içgüdülerine körü körüne uyan hayvanlardan daha kötü duruma geldi.

Niye birbirinizi sevmiyorsunuz? Niye birbirinize doğru yolu tavsiye etmiyorsunuz? Oysaki sizler Allah'ın dininde ortak olan kardeşlersiniz.

Arzularınızın birbirlerinden ayrılmasının sebebi, içinizi bozukluğudur, oysa iyilikte birleşseniz birbirinizi severdiniz.

Size ne oluyor ki dünya işleri ile ilgili birbirinize nasihat verdiğiniz halde Ahiret konusunda birbirinize nasihat etmiyorsunuz? Hatta hiç biriniz sevdiği ve desteklediği kimseye bile Ahiret konusunda nasihat vermiyor.

Bu durum, kalplerinizde iman zayıflığı olduğunu gösterir. Ahiretin kâr ve zararına dünyanınki kadar yürekten inansanız, Ahiretin peşinden koşmayı, dünyaya tercih eder diniz.

Çünkü orası sizi daha çok ilgilendirir. Eğer yakın menfaati sevmek kaçınılmaz bir insani temayüldür, derseniz, biz sizin dünyanın birçok yakın vadeli menfaatlerinden, uzak vadeli hedefler uğruna fedakârlık ettiğinizi görüyoruz.

Hatta belki de hiç bir zaman ulaşamayacağınız hedefler uğruna kendinizi türlü türlü sıkıntılara düşürüyor, değişik çarelere başvuruyorsunuz. Ne fena kimselersiniz ki içinizdeki imanın tesir derecesinin bilinmesini sağlayacak derecede imanınızı tatbiki hayatta gerçekleştirmiş değilsiniz.

Eğer Muhammed'in (s.a.v.) getirdikleri hakkında bir şüpheniz varsa bize geliniz, size her şeyi açıklayalım, kalplerinizdeki kuşkuyu giderecek aydınlığı size gösterelim. Allah'a yemin ederim ki siz akıldan yana eksik kimseler değilsiniz ki sizi mazur görelim.

Çünkü dünyanızla ilgili konularda eğriyi doğrudan ayırabiliyor ve işleriniz karşısında isabetli tavır takınabiliyorsunuz.

Size ne oluyor ki dünyanın elde ettiğiniz ufak bir kazancına seviniyor ve elden kaçırdığınız küçük kârlarına üzülüyorsunuz, bu durum yüz ifadelerinizden belli olduğu gibi sözlü olarak da açığa çıkıyor, hoşunuza gitmeyen gelişmeleri musibet, diye adlandırarak üzüntü sebebi yapıyorsunuz.

Öte yandan çoğunuz, dininde ağır kayıplara uğradığı halde hiç birinizin kılı kıpırdamıyor, bu alandaki kayıpların üzüntüsü hiç kimsenin yüzünde belirmiyor.

Yemin ederim ki Allah'ın sizin ile ilgisini kestiği kanaatindeyim. Neden derseniz çünkü hepiniz tanıdıklarını güleryüz ile karşılar, hiç biriniz dostunu, hoş görmeyeceği şekilde karşılamak istemez, aynı muameleyi de ben ondan görürüm, korkusu ile insanlar arasındaki münasebetlerde bu inceliğin farkındasınız da Allah ile olan münasebetlerinizde aynı hassasiyeti göstermemenin akıbetini bilmekte âciz misiniz?

İşi gücü sahtekârlığa döktünüz, meralarınızda uzun vadeli ihtiraslardan dolayı hiçbir yeşillik bitmiyor! Ölümü inkâr etmek üzere saf tutmuşsunuz. Allah'ın beni sizden kurtarıp, görmek istediğime kavuşturmasını ne kadar istiyorum!

Eğer o sağ olsaydı, bu gidişinize katiyen göz yummazdı.

Eğer sizde hayra dönme temayülü varsa ben size her şeyi duyurdum, Allah katındakini (Ahiret sevabını) isterseniz ona kolaylıkla kavuşursunuz. Gerek kendi hesabıma gerek sizin için Allah'ın yardımını diliyorum."

Hz. İsa havarilerine der ki: "Ey havariler dünyaya gönül verenlerin dünya selâmeti uğruna din perişanlığın göze aldıkları gibi siz de din selâmeti uğruna dünya perişanlığını göze alın."

Nitekim buna dair Abdullah İbni Mübarek, şöyle buyurur: "Çoklarını görüyorum ki gayet zayıf bir dini yeterli görüyorlar. Oysa dünya hayatında onları aza kanaat eder göremiyorum...

O halde krallar dünyaları uğruna dinden nasıl bigâne kaldılarsa, sen de din uğruna kralların dünyasından bigâne kal."

Hz. İsa şöyle der: "Ey kendi iyiliğini görerek dünya peşinde koşan kimse, bilesin ki senin hesabına en hayırlı olan dünyayı terk etmektir."

Peygamberimiz (s.a.v.) buyuruyor ki: "Benden sonra öyle bir dünya ile yüz yüze geleceksiniz ki ateş odunu nasıl yakarsa o da sizin imanınızı öyle yiyecektir."

Allah, Hz. Musa'ya şöyle vahyetti: "Sakın dünya sevgisine meyletme, çünkü huzuruma getirebileceğin en ağır günah odur."

Bir gün Hz. Musa yolda yürürken ağlayan bir adama rastlar, biraz sonra aynı yoldan dönerken adamı yine ağlar vaziyette bulur, gördüğü manzara karşısında duygulanan Hz. Musa, Allah'a; "Ya Rabbi, kulun senin korkundan ağlıyor," diye yakarır.

Allah Musa'ya şöyle bildirir: "Ya İmran oğlu Musa, o gördüğün adamın ağlamaktan beyni gözyaşları ile birlikte aksa, ellerini kaldırsa da yere düşünceye kadar dua etse yine onu affetmem, çünkü o dünyayı seviyor."

Hz. Ali (k.v.) buyurur ki: "Şu altı meziyeti nefsinde bir araya getiren kimse cennet için isteyecek bir şey, cehennemden de kaçacak bir yer bırakmamış olur.

1- Allah'ı tanıyıp O'nun emirlerine uymak ve yasaklarından kaçınmak,

2- Şeytanı tanıyıp onun arzularına karşı çıkmak,

3- Hakkı tanıyıp ona bağlanmak,

4- Batılı tanıyıp ondan sakınmak,

5- Dünyayı tanıyıp ondan yüz çevirmek

6- Ahireti tanıyıp ona talip olmak.

Hasan el-Basri (rahimehullah) buyurur ki: "Allah o kullarına rahmet etsin ki dünyayı bir emanet bilmişler onu güvendikleri kimselere teslim ederek mesuliyet yükü taşımaksızın göçüp gitmişlerdir. Dinin hakkında seninle yarışmaya girişen ile sen de yarış. Dünya konusunda senin ile yarışa girenin dünyayı yüzüne fırlat."

Hz. Lokman, oğluna verdiği nasihatlerde şöyle der: "Yavrum, dünya derin bir denizdir, içinde çokları boğulmuştur. Buna göre ona açılırken bineceğin gemi, Allah korkusu, geminin yükü Allah'a iman ve yelkeni Allah'a tevekkül etmek olsun. Böylelikle belki, boğulmaktan kurtulursun, başka türlü kurtulacağını sanmıyorum."

Fudayl (r. a.) buyurur ki: "Şu ayet beni çok düşündürdü: Biz kullardan hangisinin daha iyi amel işleyeceğini denemek için yeryüzü üzerindeki her şeyi ziynet halinde yarattık. Hiç şüphesiz, biz onun üzerindeki her şeyi kupkuru bir toprak parçasına çevireceğiz." (Kehf sûresi, 7-8)

Ehl-i hikmetten biri şöyle der: "Dünyada karşılaştığın her şey ile senden önce biri karşılaşmış ve senden sonra da başkası karşılaşacaktır. Senin dünyadan nasibin, sadece bir akşam yemeği ile bir günlük gıdadır. O halde bir kaç öğün yemek uğruna kendini mahvetme. Dünyaya karşı oruçlu ve Ahiret ile ilgili olarak iftar etmiş davran. Çünkü dünyanın sermayesi hiçlik, kazancı cehennemdir."

Bir keşişe; "Zamanı nasıl görüyorsun?" diye sorarlar, keşiş şöyle cevap verir: "Vücutları eskitirken, emelleri yeniler. Ölümü yaklaştırırken arzulanan hedefleri uzağa kaçırır." Yine ona; "Peki, dünya halkı hakkında görüşün nedir?" diye sorarlar, cevabı şöyle olur; "Dünya kimin eline geçiyorsa yorgun düşer, kim ona ulaşamazsa var gücü ile peşinden koşar."

Nitekim aynı düşünceyi bir şair şöyle ifade ediyor: "Yüzünü güldüren bir yaşayış için dünyayı öven kimse, Ömrün hakkı için çok geçmeden onu kınayacaktır. Dünya arkasını dönük tutunca insan özlem içindedir. Yüz verdiği zaman da sıkıntıları artar."

Ehli hikmetten biri der ki: "Üzerinde ben yokken bu dünya vardı. O yok olurken de ben üzerinde bulunmayacağım.

Burada kalmaktan da hoşnut değilim. Çünkü hayatı pintilik, durusu bulanıktır. Dünyalılar nimetinin elden kaçacağından, ya başa gelecek beklenmedik bir belâsından veya günü dolacak ömürden devamlı endişe içindedirler."

Başka bir ehli hikmet de şöyle der: "Dünyanın en büyük kusuru, herkese hak ettiğini değil, ya fazlasını ya eksiğini vermesidir."

Süfyan es-Sevri (r.a.) buyurur ki: "Dünya nimetlerini görmüyor musun, sanki Allah'ın gazabına uğramışlar gibi hep ehil olmayan ellere düşmüşlerdir." Ebû Süleyman i-Daranî (r.a.) şöyle buyurur: "Dünyaya tutkunluk ile talip olan bir kimseye ondan bir şey verilirse daha çoğunu ister. Ahirete de aşk ile talip olan ondan bir şey verilse daha çoğunu ister. Ne bunun ve ne de öbürünün sonu vardır."

Adamın biri Ebû Hazım'a (r.a.) dedi ki: "Benim yurdum olmadığı halde dünyayı sevdiğim için halimi beğenmiyorum, sana kendimi şikâyet ediyorum." Ebû Hazım adama şöyle cevap verir: "Allah'ın sana dünyadan ayırmış olduğu pay hakkında dikkatli ol, onu ona helâl yollardan kazanarak yerinde harca, o zaman dünya sevgisinin sana hiçbir zararı olmaz."

Ebû Hazım'ın adama böyle cevap vermesinin sebebi şudur; eğer dünya sevgisinden dolayı onu kınayacak olsaydı, adamı o derece üzebilirdi ki adamı dünyadan iyice soğuyarak ölmeyi isteyebilirdi.

Yahya İbni Muâz (r.a.) şöyle buyurur: "Dünya şeytanın ticarethanesidir. Şeytanın ticarethanesinden hiçbir şey çalmayasın, sonra onu aramaya çıkarak seni yakalar."

Fudayl (r.a.) buyurur ki: "Dünya geçici bir altından, Ahiret de kalıcı boncuktan olsa bize kalıcı boncuğu geçici hayatına tercih etmek gerekirdi. Biz geçici boncuğu kalıcı altına tercih ediyoruz; halimiz ne olacak?"

Ebû Hazım (r.a.) der ki: "Aman dünyaya tutulmayınız. Çünkü bilenlerden öğrendiğime göre dünyayı gönlünde yücelten kimse, kıyamet günü Allah'ın huzuruna getirilince ona: "İşte bu adam, Allah'ın önemsiz ilan ettiğini yüce kabul etti." denecektir.

İbni Mes'ûd (r.a.) der ki: "Dünyada bulunan herkes bir misafir ve malı da emanettir. Misafir göçücüdür ve emanet de geri verilecektir."

Şu beyit bu gerçeği dile getiriyor: "Mal ve çoluk çocuk birer emanetten başka bir şey değildir. Oysaki emanetleri bir gün mutlaka geri vermek gerekir."

Hz. Rabia (r.a.) bir gün dostlarını ziyaret etmeğe varır, dostları sözü dünyaya getirerek onun kötülüklerini dile getirirler. Hz. Rabia buyurur ki: "Dünyadan bahsettiğiniz yeter, susun. Eğer o kalbinizde yer etmiş olmasaydı, ondan bu kadar çok bahsetmezdiniz. Söyleyeceğim söze kulak verin. Bir şeyi çok seven, onu sık sık anar."

İbrahim İbni Edhem'e (r.a.); "Nasılsın?" diye sordular, aşağıdaki şiirle cevap verdi:

"Yamadık dünyamızı, yırtarak dinimizden
Sonunda din de gitti, dünya da gitti elimizden..."

Başka bir beyit de şöyledir:
"*Dünya peşinde koşanı şöyle görüyorum*
Ömrü ne kadar uzun olursa olsun
Dünyanın nimet ve sefasına nerede ulaşırsa ulaşsın,
Bir dülger gibidir ki binasını yapar yapısını yükseltir
Fakat çatısını çatınca kurduğu bina yıkılıverir."

Diğer bir beyitte de şöyle anlatılır:
"Farz et ki dünya sana bağış olarak sunuldu,
Onun akıbeti yok olmak değil midir?

Senin dünyan ancak bir gölge gibidir,
Seni gölgelendirir bir müddet, sonra kayıp geçer."

Lokman-ı Hekim, oğluna der ki: "Yavrum! Ahiretin uğruna dünyanı feda et, her ikisini de kazanırsın. Ama dünyan uğruna Ahiretini feda etme her ikisini de kaybedersin."

Mutarrıf İbni Sıttıy (r.a.) der ki: "Kralların bolluk içinde geçen hayatlarına ve parlak kıyafetlerine bakma lâkin onların çabuk göçüşüne ve kötü akıbetine bak."

İbni Abbâs (r.a.) buyurur: "Allah dünyayı üçe ayırdı; bir parçası müminin, bir parçası münafığın ve diğer parçası da kâfirindir. Mümin kendi payına düşeni azık yapar, münafık hissesi ile süslenir, gösteriş yapar. Kâfir de kendine düşenden habire yararlanır."

Ehli hikmetten biri der ki: "Dünya bir leştir, buna göre ondan pay almak isteyenler, köpekler ile geçinmeye katlanmalıdırlar."

Bu hususta şu beyit söylenmiştir:

"Ey dünyayı kendisine eş olarak isteyen kişi,

Onu, kendine istemekten vaz geç ki selâmete eresin.

Çünkü kendine eş olarak talip olduğun gaddar bir dişidir!

Onunla yapacağın evlilik töreni yas törenine pek yakındır."

Ebû'd-Derda (Rahimehullah) der ki: "Allah katında dünyanın hor görülmesi sebeplerinden biri Allah'a ancak orada isyan edilmesidir. Diğer bir sebep de Allah katındaki derecelere ancak dünyadan yüz çevrilerek ulaşılabilmesidir."

Bir şairin bir beyti şöyledir:

"Dünyayı, basiretli bir kimse incelediği zaman

Karşısına dost elbisesi giymiş bir düşman çıkar."

Diğer bir şair de şöyle der:

"Ey gecenin ilk saatlerinde
Halinden memnun uykuya dalan kişi
Gelişmeler çoğunlukla tan yeri ağarırken kapıyı çalar,
Nice bolluk ve saadet devirlerini sona erdirmiştir,
Talih yıldızlarının bazen yararlı ve bazen ters dönmesi
Dünya olaylarının akışı nice mülkü yok etmiştir.
Ki o mülk uzun bir dönem fayda ve zarar sağlamıştır.
Ey dünyaya yanak yanağa sokulan kişi, o baki değildir
Akşamdan sabaha,
Onun hayatından birçok misafirler gelip geçer.
Dünyaya yanak yanağa sokulmaktan vazgeçer misin?
Ta ki cennette bakireler ile yanak yanağa gelebilesin.
Eğer ebedi cennet bahçelerine konmak istiyorsan
Sana gereken cehennemden emin olmamaktır."

Ebû Ümam el-Bahilî (r.a.) der ki: "Hz. Muhammed'e (s.a.v.) peygamberlik verildiği zaman, şeytanın yardakçıları iblise gelerek; "Yeni bir peygamber gönderildi, yeni bir ümmet ortaya çıkıyor," diye haber verdiler.

İblis yardakçılarına; "Bu ümmet dünyayı seviyor mu?" diye sorar. Yardakçıları ona; "Evet" diye cevap verirler. Bunun üzerine şeytan yardakçılarına şunları söyler: "Eğer dünyayı seviyorlarsa putlara tapmamaları benim için önemli değil. Ben gece gündüz onlara sokulur ve ayartma gayretlerimi şu üç nokta üzerinde yoğunlaştırırım:

1- Malı haksız yollardan kazanmak,

2- Haksız ve günah yerlerde harcamak,

3- Haklı yerlere yapılması gereken harcamanın önüne geçmek, Zaten bütün kötülüklerin kaynağı da bu üç davranıştır."

Adamın biri Hz. Ali'ye (r.a.); "Ya emirül müminin, bize dünyayı anlat," der. Hz. Ali, adama şu cevabı verir: "Sana dünya hakkında ne söyleyeyim? Burada sıhhatli olan hastalanır, güvene."

Hasan el-Basrî: "Hayır, doğru olmaz. Bütün dünya onun olsa yine de zarurî ihtiyaçlarını karşılayacak şekilde hesaplı harcayarak biriken servetini fakirlik günlerine saklaması gerekir," dedi.

Fudayl (r.a.) buyurur ki: "Eğer bütün dünya helâl olarak bana bağışlansa ve Ahirette ondan dolayı hesaba çekilmeyeceğim bana bildirilse yine de sizden biriniz önüne çıkan leşin, elbisesine bulaşmasından nasıl tiksinip kaçınırsa ben de dünyadan öyle tiksinerek kaçınırdım."

Bildirildiğine göre Hz. Ömer (r.a.) Şam'a gelince Ebû Ubeyde (r.a.) kendisini sade bir iple yularlanan bir devenin sırtında karşıladı.

Hz. Ömer Ubeyde'ye selâm verdikten sonra halini sordu. Sonra kaldığı eve vardı. Ortalıkta kılıcından, kalkanından ve binek takımından başka bir şey göremedi. Bunun üzerine Hz. Ömer, Ebû Ubeyde'ye; "Biraz mal edinseydin," der. Ebû Ubeyde'nin cevabı şu olur: "Ey Emirül müminin bunlar bizi mezara ulaştırır."

Süfyan es-Sevrî (rahimehullah) derki: "Dünyada bedenin için Ahiretten de kalbin için al."

Hasan el-Basrî buyurdu ki: "Allah'a yemin ederim İsrailoğulları önce Allah'a kulluk ettikleri halde dünyaya tutuldukları için sonradan puta tapmaya yöneldiler."

Vehb (r.a.) der ki: "Bir kitapta okuduğuma göre dünya aklı başında kimseler için ganimet, cahiller için gaf yeridir, oradan ayrılıncaya kadar onu tanıyamazlar, ayrıldıktan sonra yeniden oraya dönmek isterler, fakat dönemezler."

Lokman-ı Hekim oğluna şöyle nasihat eder: "Yavrum, dünyaya geldiğin ilk günden itibaren her geçirdiğin gün ile dünyayı arkada bırakıyor ve Ahireti karşılıyorsun. Her gün adım adım yaklaştığın bir ev, adım adım uzaklaştığın evden sana daha yakındır."

Suayd İbni Mas'ud (r.a.) der ki: "Dünyadan yana işleri gelişirken Ahiret konusundaki amelleri günden güne eksildiği halde bu durumdan hoşnut olan birini görürsen, bil ki bu adam yüzüstü süründüğü halde farkında olmayan biri aklanmıştır."

Amr İbni As (r.a.) bir gün hutbede cemaate şöyle seslendi: "Allah'a yemin ederim ki peygamberimizin uzak durduğu şeylere sizin kadar düşkün başka bir kavim görmüş değilim. Allah'a yemin ederim ki, peygamberimiz (s.a.v.) yanında üç kişi varsa, bir şey almak için gelen, bir şey vermeye gelenden çok olurdu."

Bir gün Hasan el-Basrî: "Ey insanlar, hiç şüphesiz, Allah'ın vaadi gerçektir. O halde dünya hayatı sizi sakın aldatmasın. Ayartıcı şeytan da Allah'ın bağışlayıcılığını ileri sürerek sizi aldatmasın," ayetini okuduktan sonra dedi ki: "Dünya sizi aldatmasın, diye kim buyuruyor?

Dünyayı yaratan ve buna göre onu herkesten daha iyi anlayan Allah buyuruyor. Sakın dünya meşguliyetlerine kendinizi kaptırmayınız. Çünkü dünya o kadar oyalayıcıdır ki insan kendisine bir meşguliyet kapısı açsa arkasından kendiliğinden nerede ise on meşguliyet kapısı daha açılır.

Zavallı âdemoğlu, helâlinin hesabı ve haramının azabı olan bir yurttan hoşnut görünüyor. Oysaki kazancını helâlden sağlasa hesaba çekilecek, haram yollardan sağlasa azaba çarpılacaktır.

Âdemoğlu malını az görür ama amelini az görmez. Dinine gelen musibeti umursamaz da dünyasına gelen musibete üzülür."

Hasan el-Basri (r.a.) halife Ömer İbni Abdülâziz'e (r.a.) bir mektup yazdı, mektupta şöyle diyordu: "Selâm üzerine olsun, sanki sen üzerine ölün yazılıp da ölen son nesnesin."

Ömer İbni Abdülâziz de ona şöyle cevap yazdı: "Selam üzerine olsun. Sanki sen dünyadasın ama hiçbir zaman var olmamışsın ve sanki sen Ahirettesin ve halen oradasın."

Fudayl İbni İyâz (r.a.) buyurur ki: "Dünyanın girişi kolay fakat çıkışı zordur."

Ehli halden biri der ki: "Ölümü gerçek bilen kimseye şaşarım, nasıl sevinebilir? Cehennemi gerçek bilene de şaşarım, nasıl gülebilir? Dünyanın insanları nasıl değiştirdiğin görenlere şaşarım, ona nasıl güvenebilirler? Kaderi gerçek bilenlere dahi şaşarım, niye hırsla didinirler?"

Bir gün iki yüz yaşında Necrân'ı bir ihtiyar Hz. Muaviye'yi (r.a.) ziyaret etmeye gelir. Hz. Muaviye ona dünyayı nasıl bulduğunu sorar. İhtiyar şu cevabı verir: "Afet ve kıtlık yılları bolluk yıllarını, gün günü, gece geceyi kovaladı, kimi doğuyor kimi ölüyor. Doğanlar olmasa insan soyu tükenecek Ölen de olmasa dünya insanlara dar gelecek."

Bunun üzerine Hz. Muaviye ihtiyara; "Ne dileğin varsa söyle," der. İhtiyar Hz. Muaviye'ye der ki: "Geçen ömrü geri getirebilir yahut yaklaşan eceli savabilir misin?"

Hz. Muaviye: "Bunlara gücüm yetmez," diye cevap verir. Bunun üzerine ihtiyar Muaviye'ye; "O halde senden hiç bir isteğim yok," der.

Dâvud et-Taî (r.a.) şöyle buyurdu: "Ey âdemoğlu! Emeline kavuştun diye seviniyorsun ama ona ölümüne biraz daha yaklaşmak pahasına ulaşabildin. Sonra amelini erteledin, sanki o başkasının yararına imiş gibi."

Bişr (r.a.) buyurdu ki: "Allah'tan dünyayı isteyen kimse kıyamet günü onun huzurunda uzun zaman dikili kalmayı istemiş demektir."

Ebû Hazım (r.a.) buyurdu ki: "Dünyada seni sevindiren her şeye Allah seni üzecek bir şey bitiştirmiştir."

Hasan el-Basrî buyurur: "İnsanın ruhu dünyadan üç hasretle ayrılır:

1- Biriktirdiklerine doymaz,

2- Arzu ettiklerine kavuşamaz,

3- Varmakta olduğu yere yeterince azık hazırlayamaz."

Ehli Marifetten birine; "Zenginliğe kavuştun," derler, o da; "Zenginliğe kavuşanlar, ancak dünya köleliğinden azat olunabilenlerdir," diye cevap verir.

Ebû Süleyman (r.a.) buyurur ki: "Kalbini Ahiret düşüncesi ile meşgul etmeyenler, dünyaya yönelen azgın arzulara karşı direnemezler."

Mâlik İbni Dinar (r.a.) bir gün şöyle dedi: "Dünya sevgisi üzerine hepimiz uyuştuk. Ne birbirimize iyiliği emrediyor ve ne de birbirimizi kötülükten alıkoyuyoruz. Allah bizi bu durumda olduğumuz gibi bırakmaz. Allah'ın bize ne azap indireceğini keşke bilseydim!"

Ebû Hazım der ki: "Azıcık dünyalık, insanı birçok Ahiret emelinden alıkoyar."

Hasan el-Basrî der ki: "Dünyaya önem vermeyiniz. Allah'a yemin ederim ki dünya yalnız ona önem vermeyenlere yaramıştır. Allah bir kulun iyiliğini dilerse ona önce bir miktar dünyalık verir, sonra bir müddet arkasını keser. Verilen bitince yine verir. Kul dünyalığa önem vermez olunca o zaman ona bol bol verir."

Ariflerden biri Allah'a şöyle dua ederdi: "Ey senin iznin olmadan yere düşmesin diye göğü tutan Allah! Dünyayı tut ki üzerime gelmesin."

Muhammed İbni Münkedir (r.a.) buyurdu ki: "İnsan hiç bozmadan bütün günler oruç tutsa, hiç uyumadan geceleri ibadet ile geçirse, bütün malını sadaka olarak dağıtsa, Allah yolunda cihat etse ve Allah'ın haramlarından kaçınsa, fakat kıyamet günü Allah'ın huzuruna getirilince onun için; "Bu adam Allah'ın hor gördüğünü gözünde yüceltti ve Allah'ın önem verdiğini gözünde küçümsedi" denirse durumu ne olur biliyor musun? Hangimiz öyle değiliz ki? Hepimiz işlediği kusur ve günahlar ile birlikte dünyayı yüce görüyoruz."

Ebû Hazım (r.a.) buyurdu ki: "Hem dünya hem de Ahiret kazancı çetinleşti. Ahiret kazancının zorluğu şundandır. O konuda yardım edecek kimse bulamıyorsun.

Dünya kazancının çetinleşmesine gelince bu konuda nereye atarsan senden daha önce konmuş bir eğri adam görürsün."

Ebû Hüreyre (r.a.) buyuruyor ki: "Dünya, gök ile yer arasında eski bir torba gibi asılıdır. Allah onu yarattığı günden onu yok edeceği güne kadar 'Ya Rabbi, Ya Rabbi niye beni hor görüyor, tarafıma bakmıyorsun?' diye devinil olarak Allah'a seslenir. Allah da ona; 'Sus, ey hiçlik,' diye cevap verir."

Abdullah İbni Mübarek (r.a.) buyurdu ki: "Bir taraftan dünya sevgisi, öbür yandan işlenen günahlar kalbi kuşatmışlardır, iyilik ona nereden sızabilsin ki!"

Vehb İbni Münebbih (r.a.) der ki: "Dünyanın herhangi bir şeyine kalbi sevinen kimse hikmetten sapmıştır. Azgın arzularını ayakaltına alabilen kimse şeytanı gölgesinden ayırmış olur. Ameli, havaî arzularına baskın çıkan kimse galiptir."

Bişr'e; "Falan adam öldü," derler. O da; "Dünyada biriktirdi, Ahirete göçtü, kendine yazık etti," diye cevap verir. "Onu şunu yapardı," deyip adam hesabına birkaç kalem iyilik ayarlar. Bişr der ki: "Dünyalık biriktirme peşinde koştuğuna göre onların hiçbir faydası yok."

Ariflerden biri der ki: "Dünya bizden nefret ettiği halde biz onu seviyoruz. Bir de bizi sevseydi o zaman ne yapardık acaba?"

Ehli hikmetten bir zata; "Dünya kimindir?" diye sorarlar. O da; "Onun peşinden koşmayanlarındır," der. "Peki,

Ahiret kimindir?" diye sorarlar, o da; "Ona tali olanlarındır," diye cevap verir.

Yine ehli hikmetten bir zat der ki: "Dünya bir yıkım yeridir. Onu onaranın kalbi daha köhne bir harabede cennet bakımlı bir evdir. Onu arayan kalp ise daha alımlı bi mamuredir."

Cüneydi Bağdadi (r.a.) buyurdu ki: "İmamı Safi (r.a.) dünyada hak dili ile konuşan müritlerden idi. Bir mümin kardeşine Allah hakkında vaaz etti ve onu Allah'la korkutarak şunları söyledi: Ey kardeşim! Dünya kaygan bir bataklık ve bir zille yurdudur. Gösterişli yapıları yıkılışa doğru gider. Onun sakinleri mezarlık yolcularıdır. Düzeni dağınıklığa varır. Zenginliği fakirliğe çıkar. Oradaki bolluk kıtlıktır, kıtlığında ise bolluk vardır. Allah'tan kork. Onun sana ayırdığı rızka razı ol. Geçici yurdundan devamlı yurduna hazırlıksız göçme. Çünkü senin hayatın geçici bir gölge, yıkılmaya yüz tutmuş bir duvardır. Amelini çok ve emelini az eyle."

İbrahim İbni Edhem (r.a.) adamın birine; "Rüyada bir dirhem parayı mı yoksa uyanık iken eline geçen bir dinar parayı mı tercih edersin?" diye sorar.

Adam:

"Tabii, uyanık iken elime geçen dinarı tercih ederim," diye cevap verir. İbni Edhem adama der ki: "Doğru söylemedin. Çünkü dünyada elde etmek istediğin her şey, rüyada elde etmek istediğin şey gibidir. Buna karşılık tercih etmediğin Ahiret ameli, uyanıkken ele geçecek şeyi istememen gibidir."

İsmail İbni Ayyaş (r.a.) buyurdu ki: "Dostlarımız dünyaya dişi domuz adını verirler de bizden ırak ol ey dişi domuz, derlerdi. Bundan daha çirkin bir isim bulsalardı, dünyaya onu takarlardı."

Kâ'b İbni Ahbar (r.a.) der ki: "Dünyaya öyle tutulacaksınız ki ona ve halkına köle olacaksınız."

Yahya İbni Muaz er-Razî (r.a.) der ki: "Şu üç kimse akıllıdır:

1- Dünya ona yüz çevirmeden önce kendisi ona yüz çeviren,
2- İçine girmeden önce mezarını hazırlayan,
3- Huzuruna varmadan önce yaratanının hoşnutluğunu kazanan kimse.

Dünya öyle uğursuzdur ki içine dalman şurada dursun, onun özlemi bile seni Allah'a ibadet etmekten alıkoyar."

Bekir İbni Abdullah (r.a.) der ki: "Dünyaya yine dünya ile karşı koymak isteyenler, saman ile ateşi söndürmeye kalkışanlar gibidirler."

Bindar (r.a.) der ki: "Dünya düşkünlerini dünya peşine düşmemekten bahsederken gördüğüm zaman bilesin ki onlar şeytanın maskaraları arasındadır. Dünyaya yönelenleri ihtiras ateşi yakar, küle çevirir.

Ahirete yönelenleri Ahiret aşkı arıtıp yararlanılabilir sikke haline getirir. Allah'a yönelenleri Tevhit ateşi yakar, paha biçilmez bir cevher haline getirir."

Hz. Ali (k.v.) buyurur ki: "Dünya şu altı şeyden ibarettir:

1- Yiyecekler,
2- İçecekler,
3- Giyecekler,
4- Binekler,
5- Nikâhlıklar,
6- Güzel kokular."

Yiyeceklerin en değerlisi baldır. Hâlbuki o bir sineğin yiyeceğidir.

İçeceklerin en değerlisi sudur ama onda iyi kötü herkes müsavidir.

Giyeceklerin en değerlisi ipektir o da bir böcek dokumasıdır.

Bineklerin en değerlisi attır, onunda sırtında adam öldürülür.

Nikâhlıkların en değerlisi kadındır. Kadın en güzel yerini ziynetler; hâlbuki onun en çirkin yeri arzu edilir. Güzel kokuların en değerlisi misk'dir. O ise kandır.

CENAZE VE KABİR

Bilesin ki cenazeler basiret sahipleri için ibadettir. Cenaze uyarıcı ve hatırlatıcıdır. Fakat bu uyarıcılık ve hatırlatıcılık gafiller için değildir. Çünkü cenazeleri görmek gafillerin sadece gönül katılığını artırır. Çünkü onlar her zaman başkalarının cenazelerine bakacaklarını sanırlar ve kaçınılmaz olarak bir gün kendi cenazelerinin de eller üstünde taşınacağını hesap etmezler. Ya da cenazelerinin taşınmasını yakın görmezler ve o anda cenazeleri taşınanların da öyle düşündüklerini fakat hesaplarının tutmadığını ve sürelerin çok erken dolduğunu göz önünde tutmazlar.

Kendini bilen kimse, cenazeye, tabuta kendisi konmuş gibi bakmalıdır. Çünkü çok geçmeden, belki ertesi ve belki iki gün sonra tabuta girebilir.

Rivayet edildiğine göre, Ebû Hureyre (r.a.) bir cenaze görür; "Uğurlar olsun. Biz de peşindeyiz," derdi.

Mekhul ed-Dimeşkî (r.a.) bir cenaze gördüğü zaman; "Önce siz geçiniz, biz arkanızdayız. Bir yanda manalı bir nasihat, öbür yanda kısa ömürlü bir gaflet. Biri gidiyor ve ötekinin ise aklı başında değil," derdi.

Üseyd İbni-Hudeyr (r.a.) buyurur ki:

"Her cenaze gördüğümde içimden sadece gerçekleşen hâdise mahiyetinin ne olduğu ile nereye varılacak olduğunu düşünürüm."

Kardeşi ölen Mâlik İbni Dinar (r.a.) cenaze töreninde gözyaşı dökerken; "Nereye varacağımı bilmeden, yüzüm gülemez. Yaşadıkça da bunu öğrenemem," diyordu.

A'meş (r.a.) buyurur ki: "Cenaze törenlerine katıldığımızda hepimiz yaslı olduğunuz için hangimizin hangimizi teselli edeceğini bilmezdim."

Sabit el-Bünânî (r.a.) buyurur ki: "Cenaze törenlerine katıldığımızda başı önde olarak ağlamayan kimse göremezdik."

İlk Müslümanlar ölümden böyle korkarlardı. Şimdi ise cenazelerde çoğunluğu, gülen, eğlenen ve sadece ölünün geriye ne miras bıraktığı ve mirasının nasıl bölüşüleceği konusunda konuşan kalabalıklar görüyoruz. Günümüzün törenlerinde ölünün yakınları ve akrabaları sırf hangi yoldan giderek kalan mirastan pay alacaklarını düşünmekte, hiçbiri kendi cenaze töreni ile tabuta konunca başına neler geleceği konusunda kafa yormaktadır.

Bu gafil hâlin, günah ve isyanlarla katılaşan kalplerden başka bir sebebi yoktur. Bu yüzden Yüce Allah'ı, ahiret gününü ve önümüzdeki korkunç merhaleleri unutarak bize faydası olmayan şeylerle ilgilenir, oyalanır olduk.

Allah'tan bizi bu gafletten uyandırmasını dileriz. Cenaze törenine katılanlardan beklenen en yerinde davranış, ölü için gözyaşı dökmektir. Aslında işin iç yüzünü idrak etse ölüye değil, kendilerine ağlarlar.

İbrahim ez-Zeyyad (r.a.) ölüye acıyanları görür, onlara; "Kendinize acısanız size daha yararlı olur. Çünkü korkunç safhadan geçmiş bulunuyor. Birincisi ölüm meleğinin yüzünü gördü, ikincisi ölüm acısını tattı. Üçüncüsü son nefesteki endişeden kurtuldu."

Ebû Amr İbni Âlâ der ki: "Bir gün ünlü şair Cerir ile birlikte oturuyorduk. Kâtibine şiir yazdırıyordu. Bu sırada bir cenaze göründü. Cerir sustu. Sonra da; "Vallahi bu cenazeler beni kocattı," dedi ve o anda şu beyitleri inşad etti: "Cenazeler bize doğru gelirken ürküyoruz. Onlar geçtikten sonra da eğlenceye dalıyoruz. Üzerine kurt düşen bir koyun sürüsü gibiyiz. Kurt sürüden uzaklaşır uzaklaşmaz koyunlar yine otlamaya dalarlar."

Düşünceli olmak, ibret almak ve fıkıh kitaplarındaki cenazenin sünnet ve edeplerine uyarak alçak gönüllü bir edep ile cenazenin arkasından gitmeye hazırlanmak, cenaze törenlerine katılmanın edeplerindendir. Yine kişinin ölü hakkında fasık da olsa iyi düşünmesi ve görünüşü iyi olsa bile kendisi hakkında kötümser olması cenaze edeplerindendir. Çünkü son nefesi verme ânı tehlikedir, nasıl geçeceği bilinmez.

Nitekim Ömer İbni Zerr'in (r.a.) günahkâr tanınan bir komşusu ölür. Herkes cenazesine katılmaktan kaçınır. Buna karşılık Ömer komşusunun cenazesine katılır ve namazını kıldırır. Ölü toprağa verilince Ömer mezarın başına dikilir ve söyle der: Ey Ebû Filan, Allah sana rahmet etsin. Ömrün boyunca Kelime-i Tevhid'den ayrılmadın, yüzünü secdeyle topraklадın. Senin için günahkâr ve kusurlu, diyorlar. Hangimiz günahsız ve kusursuzuz ki?"

Söylendiğine göre Basra kasabalarından birinde günaha düşkün biri bir gün ölür. Karısı cenazesini taşımakta kendisine yardım edecek hiç kimse bulunmaz. Günahkârlığı ile tanındığından hiç kimse cenazesine katılmaz. Kadın ölüyü iki ücretli hamal ile musalla taşına taşır. Fakat hiç kimse namazını kılmak istemez.

Bunun üzerine kadın, toprağa vermek üzere ölüyü sahraya taşıtır. Yakınlardaki dağda büyük bir zâhid barınırmış. Kadın onu karşısında görür. Sanki cenazeyi bekliyor gibidir. Sonra da cenazenin namazını kılmaya hazırlanır.

Kasabanın her yanına, zahid falan kişinin cenaze namazını kılmak üzere dağdan indi, diye haber yayılır. Bunun üzerine bütün kasaba halkı da oraya toplanır ve zahidin imamlığı altında cenaze namazını kılarlar.

Halk, zahidin bu cenazenin namazını kılmasına şaşarlar. Bir soru üzerine davranışın sebebini şöyle açıklar:

"Rüyamda bana falan yere in. Orada yanında bir kadından başka hiç kimsenin bulunmadığı bir cenaze göreceksin. Onun namazını kıl. Onun günahları affedilmiştir," diye bildirildi.

Bu sözleri duyan halkın şaşkınlığı daha da artar.

Bunun üzerine zâhid, ölünün eşini yanına çağırır. Onun kocasının nasıl bir hayat yaşadığını ve ne gibi özellikler olduğunu sorar. Kadın: "Herkesin bildiği gibi gününün çoğu kısmını meyhanede içki içerek geçirirdi," diye cevap verir.

Zâhid kadına; "Düşün bakalım, hiçbir iyi amelini biliyor musun?" diye ısrar eder.

Kadın bu defa şu cevabı verir: "Evet, onun üç iyi huyunu hatırlıyorum; birincisi sabahleyin ayılınca üstünü değiştirir, abdest alır ve sabah namazını cemaatle kılar. Sonra yine meyhane döner, içki içmeye başlardı.

İkincisi evinde her zaman bir veya iki yetim barındırırdı. Onlara çocuklarından da daha iyi davranırdı. Onların üzerine çok titrerdi. Üçüncüsü gece ortasında ayılır ve gözyaşları arasında;' Ya Rabbi, bu murdar bedenimle hangi cehennem köşesini doldurmak istiyorsun?' derdi."

Bunun üzerine zâhid ortadan kayboldu ve halkın adam hakkındaki şaşkınlığı ve kararsızlığı da dağılmış olur.

Dahhak şöyle der:

Adamın biri peygamberimize; "İnsanların en zahidi kimdir, Ya Resulallah?" diye sorar.

Peygamberimiz adama şöyle cevap verir: "Kabri ve çürümeyi hatırından çıkarmayan, dünya ziynetinin fazlasından uzak durup baki olanı fâni olana tercih eden, yarını ömründen saymayan ve kendini ölülerden biri sayan kimsedir."

Evini mezarlığa yakın seçen Hz. Ali'ye (k.v.); "Niye mezarlığa yakın oturuyorsun?" diye sorulunca şöyle cevap verir; "Ben onları en iyi ve en doğru komşu olarak kabul ediyorum. Çünkü konuşmaktan kaçmıyor ve ahireti düşünüyorlar."

Hz. Osman (r.a.) bir kabrin başına varınca sakalı ıslanacak derecede ağlardı. Kendisine; "Sen cenneti ve cehennemi anınca ağlamıyorsun da kabrin başında durunca niye ağlıyorsun?" diye sorarlar. Hz. Osman şu cevabı verir: "Kabir, ahiretin ilk konağıdır. Ölü bu safhadan kolay geçerse sonrası daha kolay olur. Fakat bu safha çetin geçtiği takdirde arkası daha zor gelir."

Söylendiğine göre Amir İbni' As (r.a.) bir gün mezarlığın yanında atından inerek iki rekât namaz kılar. Kendisine; "Daha önce böyle yapmazdın, şimdiki davranışının sebebi nedir?" diye sorarlar. Bunun üzerine şu cevabı verir: "Kabir halkını ve onlar ile kabir arasında neler geçtiğini düşündüm de bu ikisi vesilesi ile Allah'a yaklaşmak istedim."

Mücâhid (r.a.) der ki: "Ölü ile ilk önce kabri konuşur; der ki ben böcek, yalnızlık, gariplik ve karanlık yuvası. İşte senin için hazırladıklarım bunlardır, sen benim için ne hazırladın?"

Ebû Zerr (r.a.) buyurur ki: "Size fakirlik gününü bildireyim mi? Kabre konulduğun gündür."

SÛRA ÜFÜRMEK, ÜRKMEK VE MEZARLARDAN KALKMAK

Peygamberimiz (s.a.v.) şöyle buyuruyor: "Nasıl rahat olayım ki Sûr sahibi (Hz. İsrafil) boruyu ağzına almış, cepheye dönmüş ve kulak kesilmiş, ne zaman üfürme emri geleceğini beklemektedir."

Mukatil'e (r.a.) göre; Sûr bir boynuzdur. Hz. İsrafil ağzını boru şeklindeki bu boynuzun üzerine koymuştur. Boynuzun başının çevresi yerle gök arası genişliğindedir. İsrafil, gözünü Arş'a dikmiş ne zaman ona ilk üfleme emri geleceğini beklemektedir.

İsrafil ilk defa Sûr'a üfleyince yerde ve göklerde bulunan her canlı, yere baygın düşer. Yani Allah'ın canlı kalmalarını diledikleri dışında bütün canlılar, şiddetli korku yüzünden ölüverirler. Canlı kalacak olanlar Cebrail, Azrail, Mikail ve İsrafil'dir. (Allah'ın selâmı üzerlerine olsun.)

Bundan sonra Azrail, alacağı emir uyarınca sırasıyla Cebrail, Mikail ve İsrafil'in canını alır, en sonunda yine emir uyarınca kendisi ölür. İlk Sûr üflemesinin arkasından ölen bütün canlılar, kırk yıl öylece berzahta kalırlar. Kırk yıl sonra Allah (c.c.) İsrafil'i dirilterek ona Sûr'a ikinci sefer üflemesini emreder. Bu durumu Kur'an şöyle bildirir:

"Sonra ona (Sûr'a) bir defa daha üflenir, o zaman onların (canlıların) hepsi ayaküstü dikilmiş bekler duruma gelirler." (Zümer Süresi, 68)

Peygamberimiz (s.a.v.) aynı bahiste şöyle buyuruyor: "Bana peygamberlik verildiği zaman Sûr'un sahibi geldi, Sûr'u ağzına aldı; bir adımını öne, öbür adımını geriye doğru açtı, her an ne zaman üfleme emri alacağını bekliyor, aman Sûr'a üflemeden çekininiz."

Şimdi kabirlerden doğrulurken ilk baygınlığın korkusunu hâlâ üzerlerinden atamamış olan ve haklarında verilecek olan hükmün iyi mi kötü mü olduğunun endişesine kapılan canlıların zavallılığını, hayal kırıklığını ve çaresizliğini düşün.

Sen de aralarında olsan onlar gibi gönül kırıklığına uğrar, onlar gibi hayrette kalırsın. Hatta yeryüzünün varlıklarından ve ileri gelenlerinden biri de olsan, aynı başkaları gibi şaşkınlık ve hayal kırıklığı içinde olacaksın, yeryüzünün kralları o gün herkesten daha zavallı, daha cüce ve daha önemsiz olacak, tohum tanesi gibi kalabalığın ayakları altında ezileceklerdir.

O sırada bütün vahşî hayvanlar, başları öne eğik olarak daha önce mahlûkattan kaçtıkları halde bu defa onların arasına karışarak ve hiç bir günaha bulaşık olmadıkları halde yeniden diriliş emrine boyun eğerek dağlardan ve çöllerden mahşere doğru yönelirler.

Sûr üfürüğünün ürküntüsünün doğurduğu baygınlık şiddeti onları da mahşere sürükleyerek daha önce insanlardan kaçtıklarını ve canlılardan ürktüklerini onlara unutturur.

Nitekim Yüce Allah (c.c.) bu hususta şöyle buyuruyor: "Vahşî hayvanlar diriltilip bir araya toplandığı zaman..." (Tekvîr Süresi, 5)

Sonra manzaranın dehşeti karşısında ürpererek durumun farkına varacak olan inatçı kâfir ile şeytanlar, Allah'ın ayetini doğru çıkarmak üzere, belirirler.

"Rabbin hakkı için biz onları şeytanları birlikte toplayacak ve cehennemin çevresinde dizüstü çökmüş halde bekleteceğiz." (Meryem Süresi, 68)

O zaman gerek kendi halini ve gerekse kalbin oradaki halini düşün. Daha sonra bütün diriltilen canlılar çırılçıplak, yalın ayak ve başıkabak olarak mahşer yerine nasıl sevk edildiklerini düşün. Bir bakarsın ki mahşer yeri dümdüz bembeyaz, engebesiz ve apaçık bir yerdir. Üzerinde ne arkasına saklanacak bir tümsek ve ne de içine girip saklanacak bir çukur var!

Birinci sefer Sûr'a üflendikten sonraki ikinci Sûr üflemesi ile bütün canlı türlerini, aralarındaki bütün farklılıkla rağmen bir araya getirip mahşer yerine sevk eden Allah noksan sıfatlardan ne kadar uzaktır? Bu manzara karşısında bütün kalplerin ürkerek çarpması ve bütün gözlerin korkudan fal taşı gibi açılması gayet tabiidir. Nitekim Peygamberimiz (s.a.v.) şöyle buyuruyor ki: "Kıyamet günü bütün insanlar, bitkisiz, örtüsüz, sığınak ve işaretsiz, dümdüz ve bembeyaz bir alanda toplanırlar."

Zaten bu alanı yeryüzü alanları gibi sanma, aralarında sadece isim ortaklığı var.

Nitekim Yüce Allah (c.c.) şöyle buyuruyor: "Yerin ve göklerin olduklarından başka bir duruma çevrildikleri o gün onlar (insanlar) tek ve hükmünde ortaksız olan Allah'ın huzuruna dikilirler" (İbrahim Süresi, 48)

İbni Abbas (r.a.) der ki: "Bu değişiklik şöyle gerçekleşir. Yeryüzünün bazı yerleri kırpılır, bazı yerlerine eklemeler yapılır. Ağaçları, dalları, vadileri ve bunlara benzer engebeler ortadan kalkarak, tabaklanmış deri yüzeyi ve kan damlamamış bembeyaz bir yumurta kabuğu ve üzerinde hiç bir günah işlenmemiş bir alan olarak yayılır. Göklerin de güneşi, ayı ve yıldızlan ortadan kalkar."

Ey zavallı insan, bu günün dehşet ve fevkalâdeliğine dikkat et. Bütün canlılar bu alanda toplandığı zaman gökteki yıldızlar kayıp, başlarına düşer, güneş ve ay kararır, bu arada bütün ışık kaynakları söneceği için yeryüzü koyu bir karanlığa gömülür. İnsanlar bu durumda iken diğer taraftan gökyüzü, meleklerin kimi eteklerinde ve kimi de doruğunda dururken beş yüz yıl boyunca tepelerinde dönerek bütün katılık ve kalınlığına rağmen paramparça olur.

Kim bilir, gökyüzü parçalanırken kulaklarına ne korkunç bir ses gelir. Gök o kadar iri ve sert gök cisimlerinin paramparça olarak boşluğa düşmeleri ve yer yer sararmış sıvı gümüş halinde akıp inmesi, göklerin sıvı bir madene, dağların hallaç pamuğuna dönüşmesi, insanların pervane gibi öteye beriye serpilmesi ve hepsinin yalın ayak çırılçıplak yürümesi kim bilir, ne korkunçtur!

Peygamberimiz (s.a.v.) buyuruyor ki: "İnsanlar yalınayak, çırılçıplak, sünnetsiz olarak ve kulak memelerine kadar tere batmış olarak yeniden dirilip bir araya getirilir."

Bu hadisi rivayet eden Peygamberimizin eşi Hz. Sevde şöyle diyor: "Bu sözleri işitince; Ne çirkin şey! Birbirimizin her tarafını göreceğiz, dedim. Bana; o gün herkesin kendi derdi, onları birbirine bakmaktan alıkoyar. Herkes başka şey ile ilgilenemeyecek derecede kendi basınının derdine düşer," dedi.

Ne dehşetli bir gün ki herkesin edep yeri açıkta olduğu halde kimse kimseye başını çevirip bakmaz. Nasıl baksın ki insanların bir kısmı karın üstü ve yüz üstü sürünmekten takat bulup başkasına dönüp bakamaz bile!

Sahabelerden Ebû Hureyre (r.a.) der ki: Bir gün Peygamberimiz (s.a.v.) şöyle buyurdu: "Kıyamet günü insanlar üç gurup halinde mahşer yerine doğru giderler. Binekliler, yayalar ve yüzüstü sürünenler."

Aramazdan biri: "Ya Resulallah, üçüncü gurup yüzüstü sürüne sürüne nasıl yol alabilecek?" diye sordu, ona; "O kimseleri ayakları ile yürüten Allah yüzüstü süründürerek yol almalarını sağlamaya da muktedirdir."

Gözleriyle görmediği, alışkanlık haline getirmediği şeyi inkâr etmek insanın değişmez huyudur. Eğer insanoğlu, yılanın karın üstü sürünerek şimşek hızı ile yol aldığını gözleriyle görmese, ayaksız yol almayı tasavvur etmeye bile yanaşmazdı.

Aslında ayaküstü yürümeyi görmeyen bir kimse için o da olacak bir şey değildir.

Buna göre dünya ölçülerine uymuyor diye kıyamet günü hakkında bildirilen şaşırtıcı gelişmelerden herhangi birini inkâr etmekten sakınmalısın. Çünkü eğer sen daha önce gözlerinle görmemiş olsaydın, sana sunulacak olan bir takım şaşırtıcı dünya gelişmelerini de şiddetle inkâr ederdin.

O halde kendini çırılçıplak, perişan, zavallı, şaşkın, apışıp kalmış bir durumda hakkında verilecek hükmün iyi mi, fena mı olduğunu beklerken ayaküstü dikilmiş olarak gözlerinin önüne getir, kafanda kendini böyle canlandır ve bu manzarayı hiç bir zaman hafızandan silme çünkü durum, her türlü tarifin üstünde kalan bir önem taşımaktadır.

Sonra tasavvur etmeye devam ederek şu gerçekleri de gözlerinin önüne getir. İnsan, melek, cin, şeytan, vahşî ve yırtıcı hayvan ve kuşlar, yerlerin ve göklerin bütün canlıları toplanıp bir araya yığılıyor. Bilinegelen hafifliği giderilmiş ve ısısı kat kat yükseltilmiş olan güneş, canlı yığının nere deyse tepesine değecek şekilde yakınına indiriliyor. Arş'ın gölgesinden başka hiçbir gölge kalmıyor ve bu gölgenin altına belirli ibadetleri işleyerek Allah'a yakın olma şerefini kazananlardan başkası alınmıyor.

Arş'ın gölgesi altına alınanlar ile dışarıda kalanlar arasındaki fark, korkunç güneş ısısı altında haşlananların baygın hali ve yüzlerinden okunacak olan ıstıraplarının şiddeti ile derhal fark ediliyor.

Bunlar yanında o günkü canlılar kalabalığını tasavvur et. Bir yandan tarife sığmaz kalabalık yüzünden öte yandan kimi yürürken kimi süründüğünden ötürü her canlı birbirini itip kakıyor. Bütün bu sıkıntılara bir de Allah'ın huzuruna dikilince içine düşülecek perişanlık ve rezilliğin doğuracağı korku, utanç ve mahcubiyet ekleniyor.

Güneş alevi, nefeslerin yalazı, utanç ve endişenin harareti ile yükselen kalp ateşi bir araya geliyor. Teker teker her kıl dibinden boşanıp yere akarak denizleşen ter deryası canlı vücutlar boyunca yükseliyor. Her canlı Allah katındaki derecesine göre kimi diz kapaklarına kimi bellerine kimi kulak memelerine ve kimi de nerdeyse içinde kaybolacak derecede bu ter deryasına batıyor.

İbni Ömer'den (r.a.) rivayet edildiğine göre buyuruyor ki: "Kıyamet günü insanlar Allah'ın huzuruna dikilince yarı kulak hizasına kadar tere batar."

Ebû Hureyre'nin rivayetine göre peygamberimiz (s.a.v.) şöyle buyuruyor: "Kıyamet günü insanlar, öylesine terler ki terleri bir yandan yetmiş kulaç yerin dibine sızarken bir yandan da kulak hizalarına yükselecek kadar herkesi içine alır."

Başka bir hadiste peygamberimiz (s.a.v.) buyuruyor ki: "İnsanlar, kıyamet günü kırk yıl gözlerini semaya dikmiş olarak ayakta dururlar ve çektikleri sıkıntıdan dolayı içinde gömülesiye ter akıtırlar."

Ukbe bin Amir'in rivayetine göre peygamberimiz (s.a.v.) şöyle buyurmuştur: "Kıyamet günü güneş yere öyle yaklaşır ve insanlar öyle terler ki kiminin teri topuğuna kiminin ayak bileğine kiminin dizlerine kiminin kalçasına kiminin böğrüne kiminin ağzına varacaktır. Peygamberimiz böyle derken eli ile ağzına gem vurdu, kimisi de terine tamamen gömülür (Bu sırada da eli ile şöyle başına vurdu.)."

Ey zavallı insan, mahşer yerinde toplanacak olanların karşılaşacakları sıkıntıları ve dökecekleri terleri düşün. Bu ağır sıkıntılara dayanamayanların bir kısmı Allah'a seslenerek; "Ya Rabbi, cehenneme gönderecek bile olsan beni bu sıkıntı ve bekleme azabından kurtar," diye yalvarırlar.

Bütün bunlar, henüz hesaplaşmaya çekilmeden ve azaba çarpılmadan çekilecek olan sıkıntılardır. Sen de bu sıkıntılar ile yüz yüze geleceklerden birisin. Terinin nerene kadar çıkacağını şimdiden bilmiyorsun.

Bilmezsin malûmun olsun ki hac, cihat, oruç, namaz, Müslümanların sıkıntısını gidermeye koşmak, iyiliği emrederek kötülükten alıkoymak uğruna yorulmak gibi Allah yolunda gayretler vererek dökülmeyen terler, Kıyamet alanında korku ve utançtan dökülecek ve orada daha uzun müddet sıkıntıya katlanmaya yol açacaktır.

İnsanoğlu cehalet ile aldanmadan kurtulsa, ibadet uğruna sıkıntı çekerek terlemenin doğuracağı yorgunluğun kıyamet günü çekilecek sıkıntılarla bekleme azabının yol açacağı terlemenin yorgunluğundan hem daha kısa ve hem de daha kolay olduğunu anlamakta güçlük çekmez. Çünkü o gün hem pek çetin ve hem de çok uzundur!

MAHLÛKAT ARASINDA VERİLECEK HÜKÜM

Sahabelerden olan Ebû Hureyre'den (r.a.) rivayet edildiğine göre; peygamberimiz (s.a.v.) şöyle buyuruyor: "Müflis, kimdir, bilir misiniz?" Biz: "Aramızda müflis, parası, pulu ve malı kalmamış kimsedir Ya Resulallah!" diye cevap verdik.

Bunun üzerine peygamberimiz şöyle buyurdu:

"Ümmetimin asıl müflisi, kıyamet günü Allah'ın huzuruna namaz, oruç ve zekât ile geldiği halde falana küfrettiği, filâna iftira ettiği, berikinin malını yediği, ötekinin kanını döktüğü, bir başkasını dövdüğü ortaya çıktığı için yaptığı iyiliklerin bir kısmı falana, öbür kısmı filâna verilen ve borçları karşılanmadan iyiliği bittiği takdirde hak sahiplerinin günahları kendisine devredilerek böylelikle cehenneme atılan kimsedir."

Böyle bir hesaplaşma gününde başına gelecekleri şöyle bir düşün. Çünkü riyadan ve şeytanın öbür tuzaklarından kurtulmuş bir iyiliğin pek yok. Buna rağmen uzun bir süre içinde şeytan tuzaklarından ve riyadan kurtarılabilmiş bir iyiliğin sahibi olursan onun başına da haksızlık ettiğin kimseler üşüşür ve onu bir anda elinden alırlar.

Kendini doğru yoldan ayırmayarak devamlı olarak gündüz oruç tutsan ve geceleri de namaz kılsan bile hemen hemen her gün bütün iyi amellerini silip götürecek kadar dedikodu yaptığını görürsün. Yediğin haramın, haram mı helâl mi olduğu kesinleşmemiş davranışların ve ibadetlerdeki kusurların ne olacak? Boynuzlu hayvandan hak alınarak boynuzsuza verilecek olan ince hesap günü haksızlıktan kurtulmayı nasıl umabilirsin?

Sahabelerden Ebû Zerr (r.a.) der ki: "Bir gün boynuz boynuza dövüşen iki koç gözüne ilişti. Bana dönerek; 'Ya Ebâ Zerr, şu koçların ne üzerine boynuzlaştıklarını biliyor musun?' diye sordu. Ben ona; 'Hayır, bilmiyorum,' diye cevap verdim. O bana dedi ki: 'Fakat Allah bu kavganın sebebini biliyor ve kıyamet günü aralarında hüküm verecektir."

Ebû Hureyre (r.a.): "Yeryüzünde kımıldayan bütün canlılar ve uçan bütün kuşlar sizin gibi birer ümmettirler." (En'âm Süresi, 38) Mealindeki ayet hakkında şöyle der: "Hayvanlar ve kuşlar da dâhil olmak üzere bütün canlılar kıyamet günü yeniden diriltilerek bir araya toplanır ve boynuzsuz koyunun hakkını boynuzlu koyundan alacak derecedeki hassas ilâhî adalet bütün canlılara uygulanır. Bundan sonra Allah hayvanlara ve kuşlara şimdi toprak olun, diye emir buyurur.

İşte o sırada önlerindeki azabı apaçık gören kâfirler; "Keşke biz de toprak olaydık," diyeceklerdir.

Behey zavallı, o gün alıp eline defterini, uzun yorgunluklar pahasına işlemiş olduğun iyilikler sayfasını boş görüp, nerede benim yapmış olduğum iyilikler, diye sorunca; "Onlar haksızlık ettiğin kimselerin defterlerine nakledildi," cevabını alınca ve bir ömür boyu nefsinin arzularına karşı direnerek kaçındığın günahlar ile amel defterinin kötülük sayfalarını dopdolu görüp, Ya Rabbi, bunlar benim hiç işlemediğim kötülüklerdir, deyince, bunlar dedikodusunu yaptığın, küfrettiğin, haklarında kötülük düşündüğün, alışverişte, komşulukta, karşılıklı konuşurken, tartışırken, ders çalışırken, ilmî araştırma yaparken veya başka herhangi bir ortak münasebet esnasında aldattığın, hakkını yediğin kimselerin günahlarıdır," diye cevap alınca halin ne olacak?

İbni Mes'ûd'un (r.a.) rivayet ettiğine göre; peygamberimiz (s.a.v.) şöyle buyuruyor: "Şeytan, İslâm âleminde puta taptırmaktan ümidini kesmiştir. Fakat daha hafif düşüklüklere düşmenizi yeterli görecektir ki onlar da zulümlerdir. Buna göre elinizden geldiği kadar zulümden sakınınız.

Çünkü kul, kıyamet günü dağ kadar ibadet ile Allah'ın huzuruna varır ve bu ibadetlerin kendisini cehennemlik olmaktan kurtarmaya yeterli olduğunu fakat sıradaki biri çıkagelerek; "Ya Rabbi, bu adam bana karşı falan haksızlığı işledi," deyince Allah da; "O halde ondan şu iyiliği sil," diye buyurur. Böyle böyle defteri silinerek sonunda hiçbir iyiliği kalmaz.

Bu durum şuna benzer. Bir yolcu kafilesi düşünün, kıraç bir yerde konaklamışlar, yanların da yakacak bir şeyleri yok. Fakat yolcular dört bir yana dağılarak odun toplamışlar ve çok geçmeden bir araya gelince ortaya bir yığın odun çıkarak ateş yakmışlar. İşte günahların birikmesi de böyle olur."

"Sen de onlar da öleceksiniz. Sonra hepiniz kıyamet günü aranızdaki davalar ile ilgili olarak duruşmaya çıkacaksınız." (Zümer Süresi, 30-31) mealindeki ayetin indiği zaman sahabelerden Zübeyr (r.a.): "Ya Resulallah, birbirimizi ilgilendiren günahlar yeniden dava konusu mu edilecek?" diye sordu. Peygamberimiz (s.a.v.) ona; "Kesinlikle, her haklıya hakkı geri verilmek üzere aranızdaki meseleler yeniden dava konusu edilecek," diye cevap verdi. Bunun üzerine Zübeyr: "Vallahi, çok çetin iş," dedi.

Sen de yanlış atılan bir tek adıma bile göz yumulmayan, haksız yere atılan bir tek tokada veya söylenen bir kelimelik söze bile müsamaha gösterilmeyerek mazlumun hakkı zalimden alınan günün önemini iyi kavra.

Sahabelerden Hz. Enes (r.a.) der ki: "Allah bütün insanları çırılçıplak ve toprağa bulaşmış halde yenide diriltерek mahşerde toplar. Sonra hem yakından ve hem de uzaktan duyulan bir ses ile şöyle seslenir:

"Ben hem sultan hem de hâkimim! Cennetlik bir kimse, üzerinde cehennemlik birinin hakkı varsa bu hak cehennemliğe verilmeden kendisi cennete giremez. Buna karşılık cehennemlik birinde cennetlik birinin hakkı varsa ben de bu hakkı cehennemlikten alıp cennetliğe vermedikçe o cehenneme girmez. Bu haksızlık isterse bir tokat olsun."

Biz: "Nasıl olur? Hani bizler çırılçıplak ve toz toprak içinde, yani başka hiç bir şeyimiz olmaksızın mahşere gidecektik," diye sorduk. Bize; "Hak alış verişi iyilikler ve kötülükler ile olacak," diye cevap verdi.

Ey Allah'ın kulları, başkalarının mallarına el koyarak, ırzlarına saldırarak, kalplerini kırarak ve onlarla kurduğunuz münasebetler sırasında kötü huyluluk göstererek kullara haksızlık etmekten sakınınız. Çünkü sırf Allah ile kul arasında kalan günahların affedilmesi çabuk olur.

Üzerinde kul hakkı bulunup yaptıklarına tövbe etmesine rağmen hak sahiplerinden helâllik almak imkânı bulamayanlar, hakların sahiplerine verileceği güne hazırlık olmak üzere iyi amel işlemeyi artırmalı, sırf Allah'ın bileceği, Allah ile kul arasında kalan iyilikler işlemeye eksiksiz bir ihlâs ile devam etmelidir. Böylelikle o kimsenin Allah'ın yakınlığını kazanarak, Onun haksızlığa uğrayanların isteklerini karşılamak üzere sevdiği kullar hesabına ayırdığı bağışlardan pay almaya nail olması umulabilir.

Nitekim sahabelerden Hz. Enes (r.a.) der ki: "Bir gün peygamberimiz ile birlikte otururken bir ara azı dişleri görünecek şekilde onun güldüğünü gördük. Hz. Ömer: 'Ya Resulallah, anam babam sana feda olsun, niye güldün?" diye sordu. Şu cevabı verdi: "Ümmetimden iki kişi Allah'ın huzurunda diz çöktü, biri Ya Rabbi, bu kardeşimden hakkımı al, dedi. Allah da ötekine, kardeşinin hakkını kendisine ver, diye buyurdu. Verecekli adam, hiçbir iyi amelim kalmadı, dedi. Bunun üzerine Allah alacaklıya, ne yapacaksın, arkadaşının sana verecek hiçbir iyi ameli kalmadı, diye buyurdu. Alacaklı, o halde hakkım kadar günahımı üzerine alsın, dedi. Böyle derken peygamberimiz yaşlı gözlerle, o gün öyle yaman bir gündür ki her günahını sırtına yükleyeceği birini arar, diye buyurdu." Sözlerine şöyle devam etti: "Bu arada Allah alacaklı tarafa; 'Kaldır başını da cennet bahçelerine bak' diye buyurdu. Adam başını kaldırarak; 'Ya Rabbi, altından bir takım yüksek evler ile incilerle bezenmiş şehirler görüyorum. Bunlar acaba hangi peygambere veya hangi sıddıka yahut hangi şehide ayrıldı?' dedi.

Yüce Allah: 'Bu gördüğün ev ve köşkler bana bedelini ödeyenlere verilecek,' diye buyurdu. Alacaklı adam: 'Ya Rabbi, onların bedelini sana kim ödeyebilir?' dedi. Allah: 'Sen verebilirsin," diye buyurdu. Adam: 'Nedir o bedel?' diye sordu. Allah: 'Arkadaşına hakkını bağışlaman,' diye buyurdu. Bunun üzerine alacaklı Adam: 'Ya Rabbi ona hakkımı bağışladım,' dedi. Allah da alacaklıya; 'O halde onun elinden tut ve onu cennete götür,' diye buyurdu."

Sonra Peygamberimiz (s.a.v.) bize dönerek; "Allah'tan korkun ve aranızda doğan anlaşmazlıkları barışçı yollardan halledin. Görüyorsunuz ki Allah müminlerin arasını bulmaktadır," diye buyurdu.

Yukarıdaki hadis, helâlliği alınmamış hak sahipleri ile Allah'ın arabuluculuğu sayesinde hesaplaşmanın ancak insanlar arasında uzlaştırıcı olmak ve benzeri gibi ilâhî huyları benimsemekle mümkün olabileceğine dair bir uyarı mahiyetindedir.

Şimdi kendi kendine düşün. Eğer kıyamet günü, amel defterin haksızlıklardan yana boş çıkarsa veya Allah'ın lütfuna mazhar olup affa uğrar da ebedi saadete erişmen kesinleşirse muhakeme yerinden benzersiz bir sevinç ile ayrılırsın. Artık rıza elbisesini giymiş, sonrası bedbahtlık olmayan bir saadete ve her an sona erme tehlikesi ile karşı karşıya olmayan bir rahata ulaşmış olacaksın!

İşte o zaman sevincinden kalbin yuvasından uçacak gibi atar, yüzün ayın on dördü gibi ak ve parlak bir görünüme bürünüverir!

O sırada her türlü yükü sırtından indirmiş olmanın rahatlığı içinde diğer canlılar arasında başı dik olarak yürüyerek çalım satmanın, alnında parıldayacak olan mutluluk rüzgârı ile hoşnutluk serinliğinin tazeliğini tasavvur et. Dünyanın başından sonuna kadar gelmiş ve gelecek olan bütün canlılar sana ve haline bakar, güzellik ve saadetine imrenirler.

Melekler etrafında dolaşarak şehitler huzurunda; "Bu falan oğlu filândır. Allah ondan razı oldu ve onu hoşnut etti. O artık sonrası bedbahtlık olmayan bir saadete kavuştu," derler. Bu mertebeyi dünyada ikiyüzlülük, yaltakçılık, yapmacıklık ve süslenip püslenerek insanların kalbinde kazandığın itibardan daha üstün görmüyor musun? Eğer bu mertebenin daha yararlı olduğunun farkında isen daha doğrusu ikisini birbiri ile mukayese etmenin bile yersiz olduğunu kabul ediyorsan Allah ile aranda olan münasebetlerini katıksız samimiyet ve iyi niyete dayandırarak o mertebeye ulaşmaya çalış. İyi bilesin ki bu mertebeye ulaşmanın başka çaresi asla yoktur.

Maazallah! Bir de öbür türlü olur da amel defterinde sana önemsiz gelen fakat Allah katında ağır kabul edilen bir günahının varlığı ortaya çıkarsa ve bu günah yüzünden Allah'ın gazabına uğrar da o sana; "Ey kötü kul, lanet sana, senin ibadetini kabul etmiyorum," derse bu azarı duyar duymaz hemen yüzün kararır. Allah'ın gazabına uğradığın için melekler de sana gazap ederek; "Bizim ve bütün canlıların laneti üzerine olsun," derler. O zaman zebaniler (azap melekleri) Allah'ın gazabına uğradığından dolayı sana karşı duyacakları öfke ile üzerine yürürler, bütün kabalık, korkunçluk ve ürkütücü görüntüleri ile üstüne çullanırlar, alnından yakalayarak herkesin gözü önünde seni yüzüstü sürüklemeye başlarlar, bütün kalabalık yüzünün kararmasına ve perişanlığına seyirci olur. Bu arada sen feryadı basarak; "Ah, ölsem, yok olsam da kurtulsam," dersin. Zebaniler senin bu feryadına; "Bugün bir defa ölüp yok olmayı değil, birçok ölümü imdada çağır," diye cevap verirler.

Bu arada melekler senin için; "Bu adam falan oğlu filândır. Allah bunun rezilliklerini ve çirkin işlerini ortaya dökerek kirli işleri yüzünden ona lanet etti. Artık o, sonrası saadet olmayan bir bedbahtlığa ebediyen mahkûm olmuştur," diye herkesin duyacağı bir şekilde seslenirler.

Bu acı akıbet, dünyada insanlardan gizli olarak yahut başkalarının gözüne girmek için veya onlar, kullar nazarında itibarını yitirmekten çekindiğinden dolayı işlediğin bir günah yüzünden başına gelmiş olabilir. Dünyanın geçici ve Ahirettekine göre çok daha az olan kalabalığı karşısında utanç verici bir duruma düşmekten çekinip Ahiretin korkunç kalabalığı huzurunda rezil olmaktan korkmaman ne büyük cehalet! Üstelik işin sonunda Allah'ın gazabına maruz kalmak, acı bir azaba çarpılarak zebanilerin elinde cehennemi boylamak da var! İşte Ahirette karşılaşacağın durumlar bunlar fakat sen tehlikenin farkında bile değilsin!

AMELLER, MİZAN VE CEHENNEM AZABI

Kardeşim, amellerin tartılması ve amelleri kaydeden defter sayfalarının sağa sola uçuşması bahislerini hiçbir an hatırından çıkarma.

Çünkü insanların sorguya çekilme işleri bittikten sonra üç kısma ayrılırlar:

1- Hiç bir ameli olmayanlar. Cehennemden simsiyah bir boyun çıkarak böylelerini kuşun taneleri devşirdiği gibi kapar, boyunlarına dolanarak onları ateşin içine atar, ateş de onları hemen yutuverir. Kendilerine, sonu saadet olmayan bir bedbahtlığa uğradıklarını yüksek ses ile duyurur.

2- Hiçbir kötülüğü olmayanlar. Meleklerden biri yüksek sesle; "Her durumda Allah'a hamd edenler ayağa kalksın," diye ilân verir. Bu zümre böylece cennete yolcu edilir. Sonra aynı işlem gecelerini ibadet ile geçirenler için arkasından alışveriş ve ticaretin Allah'ı zikretmekten (namazdan) alıkoymadığı kimseler için tekrarlanır ve zümrelerin hepsine sonunda bedbahtlık olmayan bir saadete kavuştukları yüksek ses ile duyurulur.

3- Hem iyiliği ve hem de kötülüğü olanlar. Çoğunluk bu kısma girer. Onlar bilmeseler bile iyiliklerinin mi, yoksa kötülüklerinin mi baskın olduğunu, hiç şüphesiz, Yüce Allah bilir. Fakat affettiği takdirde fazileti ve cezalandırdığı takdirde adaletinin titizliği açıkça ortaya çıksın diye Yüce Allah, amelleri hakkındaki kesin bilgisini mutlaka onlara da göstermek ister.

İşte bunun için iyilik ve kötülüklerin kayıtlı olduğu amel defterlerinin durulmuş yaprakları rüzgârda uçuşur gibi hızla uçuşur ve terazi kurulur. "Sağ yüzünde mi yoksa sol yüzünde mi kayıt var?" diye gözler amel defterine dikilir. Aynı anda; "Acaba sağ kefesi mi yoksa sol kefesi mi baskın çıkıyor," diye bakışlar terazinin diline dikilir.

Bu sahne, insanların beynini kaynatacak derecede korkunçtur!

Hasan el-Basrî'nin (r.a.) bildirdiğine göre bir gün peygamberimiz (s.a.v.) başını Hz. Ayşe'nin dizine koyarak uyuklar. Bu arada Ahireti hatırlayan Hz. Ayşe'nin gözleri yaşarır, yanağından süzülen damlalardan biri yanağına düşünce uyanır; "Niye ağlıyorsun ya Ayşe?" diye sorar.

Hz. Ayşe: "Ahiret aklıma geldi de ondan ağladım. Acaba siz erkekler kıyamet gününde eşlerinizi hatırınıza getirir misiniz?" diye sorar. Peygamberimiz (s.a.v.) ona şöyle cevap verir: "Nefsimi kudret elinde tutan Allah'a yemin ederim ki Ahiretin şu üç safhasında herkes sırf kendini düşünür:

1- Teraziler kurulup ameller tartılırken, herkes amelinin ağır mı yoksa hafif mi geldiğini görünceye kadar sadece kendisini düşünür.

2- Amel defterleri dağıtılırken herkes defterinin sağdan mı yoksa soldan mı verildiğini görmeden başkasını düşünmez.

3- Sırattan geçileceği zaman da herkes yalnız kendisini düşünür."

Enes Ibni Mâlik (r.a.) der ki: "Kıyamet günü, âdemoğlu Allah'ın huzuruna getirilerek terazinin iki kefesi arasında ayaküstü durdurulur, başına da bir melek dikilir. Tartıda sevapları ağır bastığı takdirde başındaki melek herkesin duyabileceği yüksek bir sesle; "Falan kimse sonunda bedbahtlık olmayan ebedi bir saadete kavuştu," diye seslenir.

Buna karşılık tartıda sevapları hafif geldiği takdirde aynı melek bu defa; "Falan kimse, sonu saadet olmayan ebedi bir bedbahtlığa uğramıştır," diye seslenir. Sevap kefesi hafif kalınca elleri demir topuzlu ve ateşten elbiseli zebaniler ileri çıkarak cehennem yolcusunu cehenneme götürmek üzere teslim alırlar."

Peygamberimiz (s.a.v.) bir gün kıyamet günü hakkında konuşurken buyurdu ki: "Kıyamet günü gelince Yüce Allah Hz. Âdem'e; 'Ya Âdem, yerinden doğrul da cehennem kafilesini cehenneme gönder,' buyurur. Hz. Âdem: 'Cehennem kafilesi ne kadardır?' diye sorar. Yüce Allah ona; 'Her bin kişide dokuz yüz doksan dokuz kişi,' diye cevap verir."

Peygamberimizin son cümlesi sahabeleri öyle derin bir üzüntüye sürükledi ki ağızlarını bıçak açmaz oldu. Peygamberimiz onların üzerine çöken bu ağır kederi fark edince buyurdu ki: "Siz iyi amel işlemeye devam ediniz ve sevininiz. Muhammed'in (s.a.v.) nefsini kudret elinde tutan Allah'a yemin ederim ki sizinle birlikte iki halk kesimi var ki bunlar hangi ümmetin devrinde yaşasalar o ümmetin sayısını bütün insan ve şeytan ölüleri kadar yükseltirler."

Sahabeler: "Bu iki halk kesimi kimlerdir?" diye sorunca peygamberimiz: "Ye'cüc ve Me'cüc'dür," dedi. Bunun üzerine ashap biraz ferahlamış. Peygamber (s.a.v.) sözlerine şöyle devam eder: "İyi amel işlemeye devam ediniz, sevininiz. Muhammed'in nefsini kudret elinde tutan Allah'a yemin ederim ki kıyamet günü siz, insanlar içinde devenin karnındaki benek yahut atın bacağındaki yara izi kadar kalacaksınız."

Ey nefsi farkında olmayarak zevale ve son bulmaya mahkûm olan şu dünyanın oyalayıcı yanlarına aldanan kişi! Göçüp gideceğin yer hakkında kafa yormaktan vazgeçerek aklını varacağın yere yönelt. Çünkü cehennemin herkesin varacağı bir yer olduğu sana bildirilmiştir. Nitekim

Yüce Allah (c.c.) şöyle buyuruyor: "Her biriniz oraya (cehenneme) mutlaka varırsınız. Bu Rabbinin kesin karara bağlanmış bir hükmüdür. Sonra takva sahiplerini kurtarırız da zalimleri orada dizüstü bekletiriz." (Meryem Süresi, 71-72)

Buna göre senin cehenneme varacağın kesin olmasına rağmen geri çıkacağın şüphelidir. O halde oraya girmenin korkunçluğunu kalbinde duy ki belki oradan kurtulup çıkmak için şimdiden tedbir alırsın.

Mahlûkatın halini düşün; insanlar Ahiret sıkıntıları altında inlerken o gün korku ve endişeler içinde ayaküstü dikilmiş başlarına neler geleceğini öğrenmeyi ve kurtarıcılarını şefaat etmesini beklerler. Bu arada günahkârları kavurucu bulutlar kaplar, yalazlı ateş onları gölgesi altına alır, bu ateşin horlamaları herkes tarafından duyulur, öfke ve kin saçan çıtırtıları apaçık belirirken o anda günahkârlar başlarına çöken felâketi kesinlikle anlar, bütün ümmetler dizüstü yere çöktürülür. Öyle ki iyiler bile durumlarının bir anda kötüye dönüşmesinden korkuya düşer, bu arada zebanilerden biri; "Dünyada iken uzak vadeli emeller peşinden koşarak ömrünü kötü işler uğruna harcayan falan oğlu filân nerede?" diye seslenir; azap melekleri (zebaniler) demir topuzlar ile adamın üzerine yürürler, ağır tehditler ile karşısına dikilerek onu çetin azaba sürüklerler, başını cehennemin derinliklerine doğru çevirirler ona Kur'an-ı Kerim'in diliyle; "Tat bu azabı, hani sen (İleri sürdüğüne göre) çok güçlü ve her işi yerli yerinde olan biri idin?" diye seslenirler." (Duhân Süresi, 49)

Sonra adam dar, çıkış yolu görünmeyen tehlikeleri belirsiz bir yere kapatılır, burası esirlerin devamlı barınağıdır, orada ateş yakılır, cehennemliklerin oradaki içecekleri kaynamış sudur, barınakları da cahim (cehennemin katlarından biri) dir. Cehennemlikleri bir yandan zebaniler topuzlarken, öte yandan Haviye (harlı ateş) onları bir noktada toplar. Bütün ümitleri helaktir. Oradan hiçbir yere kımıldayamazlar, ayakları alınlarına bağlanmıştır. Günahlar yüzlerini karartmıştır, cehennemin yanlarından seslenirler, oranın ötesinden berisinden; 'Ya Malik, korkunç akıbet üzerimizde gerçekleşti. Ya Malik, demir topuzlara artık katlanamaz olduk. Ya Malik, derilerimiz pişti. Ya Malik, bizi buradan çıkar, bir daha yapmayacağız,' diye feryat ederler. Zebaniler bu feryatlara şöyle cevap verirler: 'Heyhat, geçmiş olsun. Bu zillet yuvasından size çıkış yok, susun; orada konuşmayın ve gevezelik edip durmayın. Eğer buradan çıkarılsanız, yine size yasaklanan şeylere dönerdiniz.' Zebanilerin bu cevapları üzerine cehennemlikler kurtulmaktan ümitlerini iyice keserler, dünyada Allah'a karşı işledikleri aşırı günahlara hayıflanırlar. Fakat onları ne pişmanlık kurtarır ve ne de bu hayıflanma onların acılarına çare olur. Tersine zincirlere vurulmuş olarak yüzüstü yere kapanırlar altlarından, üstlerinden, sağlarından ve sollarında ateş ile kuşatılmış, ateş deryası içinde boğulmuşlardır.

Yedikleri ateş, içtikleri ateş, giydikleri ateş ve yatacak yerleri ateştir. Onlar ateş kümeleri, katrandan elbiseler, demir topuzu darbeleri ve zincirlerin yükü altında ezilirler. Cehennemin sıkıntılarında kıvranır, bataklarında parçalanır, birbirini kovalayan acılar altında kıvranırlar, ateş onları ocaktaki kazan gibi kaynatır.

"Ah, eyvah" gibi acı sözler ile feryat ederler fakat ne zaman ahuzar etseler başlarından aşağı iç organları ile derilerini eritip akıtan kaynar sular dökülür. Onlar için orada yüzlerinde yarıklar açan demir topuzlar vardır, ağızlarından irin kaynar, susuzluktan ciğerleri doğranır, göz bebekleri eriyip yuvalarından yanaklarına akar, şakaklarının etleri düşer, etraftan saçları hatta derileri dökülür.

Derileri her yandıkça eskisinin yerine yeni deri tabakası ile kaplanırlar, etleri döküldüğü için kemikleri çıplak kalır; ruhları sadece damarlara tutunmuş ve sinirlere asılmıştır. Bu ateşlerin yalazları içinde fıkır fıkır kaynarlar, ölmek isterler fakat ölmezler.

Onları bu durumda görsen acaba ne hale düşersin. Başlarından aşağı dökülen kaynar sular yüzlerini kapkara etmiş, gözleri kör olmuş, dilleri tutulmuş, belleri kırılmış, kemikleri dağılmış, kulakları kesilmiş, derileri param parça olmuştur. Elleri, boyunlarına bağlı, ayakları alınlarına yapışık, yüzüstü ateş üzerinde sürünürler, göz bebekleriyle demirden oklar üzerine basarlar ateşin yalazı iç organlarını sarmış, cehennemin yılanları ve akrepleri dış azalarına yapışmıştır.

Bu tasvir ettiğimiz manzara cehennemliklerin acıklı durumunun bazı görüntülerini aksettiriyor, şimdi onların korkunç hallerinin tafsilatına bak, bu arada cehennemin vadilerini ve kollarını da düşün.

Peygamberimiz (s.a.v.) buyuruyor ki: "Cehennemin yetmiş bin vadisi ve her vadinin yetmiş bin kolu vardır. Her vadi kolunda yetmiş bin yılan ve yetmiş bin akrep bulunur. Kâfir ve münafıklar bu kolların her birinden ayrı ayrı geçmedikçe yerlerine ulaşamazlar."

Hz. Ali'nin (k.v.) rivayet ettiğine göre peygamberimiz (s.a.v.) buyuruyor ki: "Hüzün kuyusu veya vadisinden Allah'a sığınınız." Dinleyenlerden biri ona; "Ya Resulallah, hüzün vadisi veya kuyusu nedir?" diye sordu. Peygamberimiz ona şöyle cevap verdi: "O, cehennemde öyle bir vadidir ki cehennemin kendisi günde yetmiş kere ondan Allah'a sığınır, Allah onu riyakâr Kur'an okuyucuları için hazırlamıştır."

İşte yedi kat cehennem ile onun vadileri ve her vadinin kolları bunlardır. Bu vadi ve kolların sayısı yeryüzündeki vadiler ile vadi kolları sayısı ile günaha sürükleyen azgın nefsi arzuların sayısına denktir. Cehennem kapıları ise günah işlerken kullanılan yedi azanın sayısıncadır (Yedi azaya karşılık yedi kapı.).

Cehennem kapı ve katları üst üstedir. En üstekinin adı; "Cehennem", sonrasının; "Sakar", sonrasının; "Lezza" daha alttakinin; "Hutame", daha alttakinin; "Sair", daha alttakinin; "Câhim" ve en alttakinin adı ise; "Haviye" dir.

Şimdi cehennemin derinliğini bir düşün, dünya ile ilgili azgın arzuların nasıl dibi bulunmaz ise ve yine dünyada her ulaşılan amaç daha uzak bir hedefe kavuşma arzusunu körüklüyorsa cehennem çukurlarının derinliği de ölçüsüzdür, her aşılan dipsiz derinlik daha dibi bulunmaz derinliklere ulaştırır.

Nitekim sahabelerden Hz. Ebû Hureyre (r.a.) der ki: "Bir gün peygamberimiz ile birlikte iken kulağımıza derin bir yankı sesi geldi. Peygamberimiz bize; "Bu sesin ne olduğunu biliyor musunuz?" diye sordu. Biz de; "Allah ve Resulü bilir," diye cevap verdik.

Bunun üzerine peygamberimiz buyurdu ki: "Duyduğunuz bu yankılı ses, cehennemin dibine şu anda varan bir taşın sesidir, bu taş cehenneme yetmiş sene önce atılmıştı."

Ayrıca cehennemdeki kat farklılıklarına da dikkat et. Hiç şüphesiz ki Ahiret, en ince ve detaylı derece farklılıklarına sahiptir. İnsanların dünyaya dalışı nasıl farklılık gösteriyorsa, yani kimi boğulurcasına içine batarken kimi de nasıl belirli bir derinliğe kadar dalarsa cehennemin günahkârları kapması da öyle farklıdır.

Çünkü Allah zerre ağırlığı kadar bile hiç kimseye haksızlık etmez.

Cehennemliklere uygulanacak azap şekilleri rastgele tekrarlanıp durmaz, tersine her bir azabın, günahlıların derecesine göre değişen belirli bir ölçüsü vardır. Ancak cehennemin azabı genel olarak öyle şiddetlidir ki en hafif azap çeken cehennemliğe dünya ile birlikte onun bütün varlığı bağışlansa, bunları çektiği azaptan kurtulmak için fidye olarak verirdi.

Peygamberimiz (s.a.v.) buyuruyor ki: "Kıyamet günü cehennemlikler içinde en hafif azap çekecek olanlar, ateşten iki nalınla gezinecek olanlardır ki tabanlarından giren ateşin harareti beyinlerini kaynatacaktır."

Şimdi sen, hafif azaba çarpılanın çekeceğine bak da ağır azaba çarpılacakların başına neler geleceğini hesap et. Cehennem azabının ağırlığı konusunda ne zaman şüpheye düşersen parmağını ateşe yaklaştır ve çekeceğin acıyıp cehennem ile kıyasla. Hem unutma ki sen, bu kıyaslamada yanılıyorsun. Çünkü dünya ateşi ile cehennem ateşi birbirinden çok ayrıdır. Fakat dünyanın en ağır acısı bu ateşte yanma acısı olduğu için cehennem azabı onunla tarif edilir.

Yoksa cehennemin en üst tabakasında azap çekenler bile dünyadaki ateş gibi ateş bulsalar, çektikleri ağır acıdan kurtulmak için bu ateşe gönüllü olarak katlanırlardı.

Bundan dolayıdır ki bazı haberler de dünya ateşi canların katlanabileceği bir dereceye düşürülünceye kadar, yetmiş kere rahmet suyundan geçirildi, denilmiştir.

Peygamberimiz (s.a.v.) cehennemi tanıtırken; "Allah cehennem ateşinin bin sene boyunca devamlı yakılmasını emretti, sonunda kıpkırmızı kesildi. Arkasından bin yıl daha yakılmasını emretti, sonunda bembeyaz kesildi; arkasından bin yıl daha yakılmasını emretti, sonunda simsiyah oldu. Şu anda cehennem ateşi gayet koyu kara renklidir," demiştir. Peygamberimiz (s.a.v.) buyuruyor ki: "Cehennem ateşi Rabbine şikâyet etti: "Ya Rabbi içimdeki soğuk ve sıcak bölümler birbirini yiyor." Bunun üzerine Yüce Allah (c.c.) cehenneme biri yazın, öbürü kışın olmak üzere senede iki defa nefes almaya izin verdi. Yazın duyduğunuz en şiddetli sıcaklık cehennemin hararetinden ileri geldiği gibi kışın geçirdiğiniz en şiddetli soğuk da cehennemin zemherisindendir.

Enes İbni Mâlik (r.a.) der ki: "Dünyanın en yüksek refahı içinde yaşayan kâfir, Allah'ın huzuruna getirilince, onu bir kere cehennem ateşine daldırın, diye buyurulur. Çıkarılınca ona, hiç refah gördün mü, diye sorulur, kâfir, hayır, diye cevap verir. Buna karşılık dünyada en çok maddî sıkıntı çeken mümin Allah'ın huzuruna getirilince onun hakkında, kendisini bir sefer cennete koyup geri getirin, diye buyurulur. Çıkarılınca mümin de dünyada hiç geçim darlığı çektin mi sorusuna, hayır, diye cevap verir."

Ebû Hureyre (r.a.) der ki: "Şu bizim mescitte yüz bin veya daha fazla kişi toplansa da bunların üzerine bir cehennemliğin nefesi salınsa hepsi yanarak ölürdü."

Âlimlerden biri Kur'an'ın "Yüzlerini cehennem yalazı yalar, onlar orada kavrulur" (Müminûn Süresi, 104) mealindeki ayeti hakkında der ki: "Cehennem yalazı cehennemlikleri bir kere yalayınca kemiklerini çırılçıplak bırakarak bütün etlerini eritip ayak topuklarının yanına akıtıverir."

Şimdi de cehennemliklerin vücutlarından akacak olan ve içinde boğulacakları "gassak" adını taşıyan irinin kokusuna dikkat et. Nitekim Ebû Said el-Hudrî (r.a.)'nin rivayet ettiğine göre, peygamberimiz buyuruyor ki: "Gassak adlı cehennem irininden bir kova dünyaya dökülse yeryüzünün bütün canlılarını kokuştururdu."

İşte cehennemliklerin içeceği budur. Onlar susuzluktan yanarak; "Su, su" diye yalvarınca içlerinden birine bu kanlı irin sunulur. Adam irini ağzına alır fakat bir türlü yutamaz. Her yönden üzerine ölüm acıları üşüşür ama ölmesi asla mümkün değildir! Nitekim şöyle rivayet edilmiştir:

"Cehennemlikler, su, su diye yalvardıkları zaman kendilerine kızgın katran gibi bir sıvı sunulur. O ne kötü bir içecek ve orası ne fena bir barınaktır."

Bir de cehennemliklerin yiyeceğine bak, onun adı "Zakkum" dur. Nitekim Yüce Allah (c. c.) buyuruyor ki: "Sonra ey hakkı inkâr eden sapıklar, hiç şüphesiz, siz zakkum ağacından yiyeceksiniz. Midelerinizi onunla dolduracaksınız. Onun üzerine de susamış develerin içişi gibi kaynar su içeceksiniz." (Vakıa Süresi, 51-55)

Yüce Allah (c. c.) buyuruyor ki: "Zakkum kökü, cahim' in dibinde olan ve tomurcukları şeytan başlarına benzeyen bir ağaçtır. Hiç şüphesiz onlar (cehennemlikler) bundan yiyecekler ve onunla midelerini dolduracaklardır. Sonra onlara, bunun üzerine kaynar bir içecek vardır. Sonra da, hiç şüphesiz varacakları yer cahim olacaktır." (Sâffât Süresi, 64-68)

Yüce Allah (c. c.) buyuruyor ki: "O gün onlar kızgın ateşin alevlerine girerler. Kendilerine kaynar bir pınardan su verilir." (Gâşiye Süresi, 4-5)

Yine Yüce Allah (c. c.) buyuruyor ki: "Hiç şüphesiz, bizim katımızda bukağılar, kızgın ateş, boğazdan bir türlü geçmeyen yiyecek ve acı azap vardır." (Müzzemmil Süresi, 12-13)

İbni Abbas'ın (r.a.) rivayet ettiğine göre, buyuruyor ki: "Zakkumun bir damlası dünya denizlerine dökülse, bütün canlıların sağlığını bozardı, yiyeceği bu maddeden ibaret olanların halini düşünün."

Enes İbni Mâlik'in (r.a.) rivayet ettiğine göre; "Allah'ın sizi talip olmaya teşvik ettiği şeylerin peşinde koşunuz, sizi korkuttuğu azaptan, işkenceden ve cehennemden korkup kaçınınız; zira içinde yaşadığınız dünyaya cennetten bir damla düşürülse tatlı kokular sarardı. Buna karşılık dünyaya cehennemden bir damla akıtılsa dünyanızı baştanbaşa berbat ederdi."

Ebû'd-Derdâ'nın (r.a.) rivayet ettiğine göre peygamberimiz (s.a.v.) buyuruyor ki: "Cehennemlikler öyle bir açlığa mahkûm edilirler ki bu açlığın azabı, çektikleri diğer bütün azaba denk gelir. Yemek, yemek diye yalvardıkları zaman kendilerine ne karın doyuran ve ne de açlıklarını gideren kaynatıla kaynatıla pişmemiş bir yemek verilir. Yine yemek, yemek diye yalvarırlar, bu defa da kendilerine gırtlaklarından geçmeyen bir yiyecek verilir, dünyada gırtlaklarına tıkanan lokmaları içecek sayesinde boğazlarından geçirdiklerini hatırlayarak su, su diye yalvarırlar. Kendilerine su yerine demir kıskaçlar ile kaynar katran sunulur, yüzlerine yaklaşınca çehrelerini kavurur, boğazlarından geçer geçmez bütün sindirim sistemlerini parçalar.

Bize cehennem bekçilerini çağırın, diye yalvarırlar, bekçiler gelince onlara; Rabbinize dua edin de bir günlüğüne üzerimizdeki azabı hafifletsin, derler. Cehennem bekçileri onlara; size açık açık delilleri ortaya seren peygamberleriniz gelmedi mi? diye sorarlar.

Cehennemlikler bu soruya; evet, geldiler, diye cevap verirler. Bunun üzerine bekçiler onlara; o zaman kendiniz Allah'a dua edin. Ama kâfirlerin duası, hiç şüphesiz boşunadır, diye cevap verirler.

Bekçilerden de bir fayda göremeyen cehennemlikler; bize Mâlik'i çağırın, derler. Mâlik gelince hep birlikte ona yalvararak; Ya Mâlik, Rabbin şu azabımıza son versin, derler, Mâlik de onlara; siz burada kalacaksınız, diye cevap verir. (A'meş'in söylediğine göre cehennemlikler Mâlik'i çağırdıktan ancak bin yıl sonra ondan cevap alabilirler.)

Başka çare kalmayınca cehennemlikler birbirine; Rabbinize dua edin, Allah'tan başka hiç kimseden hayır yok, derler. Bunun üzerine hep birlikte; ey Rabbimiz, bizi buradan çıkar, eğer yine küfre dönersek biz kendi kendimize zulmetmiş oluruz, diye Allah'a yalvarırlar, Allah (c. c.) onlara, kalın olduğunuz yerde ve gevezelik etmeyin, diye cevap buyurur.

Bu son cevabı aldıktan sonra her türlü kurtuluş ümidini yitirerek; vay başımıza gelenlere, keşke şöyle keşke böyle yapsaydık, diye acı acı feryat etmeye koyulurlar."

Ebû Ümame'nin rivayet ettiğine göre; "Onun için ölümün sonrası cehennemdir. Orada kendisine içecek olarak irinli su verilir, onu ağzına alır fakat bir türlü boğazından geçmez. Her yönden üzerine ölüm üşüşür ama artık ölecek değildir. Önünde çetin bir azap vardır." (İbrahim Süresi, 16-17) Mealindeki ayet hakkında peygamberimiz (s.a.v.) şöyle buyuruyor: "Cehennemliğe irinli kaynar su yaklaştırılınca ondan tiksinir. İyice önüne getirildiği zaman yüzü kavrulur ve başının derisi eriyip düşer, ondan içince de bağırsakları parçalanıp akar dübüründen çıkar."

Yüce Allah (c. c.) buyuruyor ki: "Takva sahiplerine vaat edilen (cennetin hâli şu); orada tabii özellikleri bozulmamış su ırmakları, tadı bozulmamış süt ırmakları, lezzeti içenlerin damağında kalan içki ırmakları, süzülmüş bal ırmakları vardır. Onlara orada her çeşit yemiş ve Allah'ın bağışlayıcılığı vardır. Bunların durumu ile ebedi cehennem azabına mahkûm edilen ve yerine kendilerine verilen irinli sıvı ile parçalananların durumu bir olur mu?"

Yüce Allah (c. c.) buyuruyor ki: "Deki, hak Rabbinizden gelendir, dileyen inanır, isteyen inkâr eder. Biz zalimlere, duvarları arasında sıkışıp kalacakları bir cehennem hazırladık. Su, diye yalvardıkları zaman onlara kaynar katranı andıran, çehreleri kavurucu bir sıvı verilir. O ne kötü bir içecektir ve orası ne fena bir barınaktır!"

İşte acıktıkları ve susadıkları zaman cehennemliklerin yiyecekleri ve içecekleri bunlardır. Şimdi de cehennemdeki yılanlara ve akreplere, akıttıkları zehrin şiddetine, iriliklerine, görünüşlerinin korkunçluğuna gelelim. Bunlar cehennemliklerin üzerine kışkırtılarak salınır, bir an bile aman vermeden, durmadan cehennemlikleri ısırır ve sokarlar.

Ebû Hureyre'nin rivayet ettiğine göre, peygamberimiz (s. a. s.) buyuruyor ki: "Allah'ın kendilerine bağışladığı malın zekâtını vermeyenlerin serveti kıyamet günü, kudurgan bir yılan kılığına girerek boynuna sarılır ve avurtlarından tutarak ona; 'Ben senin malınım, ben senin biriktirdiğin servetim,' der."

Bu sözlerden sonra peygamberimiz şu ayeti okur:

"Allah'ın kendilerine bağışladığı varlığı cimrilikle ellerinde tutanlar, bu pintiliklerinin kendilerine fayda sağlayacağını sakın sanmasınlar, bu tutum kendi hesaplarına kötüdür. Kıyamet günü, o cimrilikle ellerinde tuttukları mal (yılan olup) boyunlarına dolanır. Hiç şüphesiz, yeryüzünün mirası, yalnız Allah'ındır. Allah işlediklerinizden (inceden inceye) haberdardır." (Âl-i İmrân Süresi, 180)

Peygamberimiz (s.a.v.) buyuruyor ki: "Cehennemde deveboynu kalınlığında öyle yılanlar vardır ki bir ısırıklarının acısı kırk yıl sürer. Yine cehennemde semerli katır iriliğinde öyle akrepler vardır ki bir kere soktular mı acısı kırk yıl sürer."

Bu yılanlar ve akrepler, dünyadaki pintilerin, ahlâksızların ve başkalarına zarar verenlerin üzerine salınır. Saydığımız kötülüklerden uzak duranlar, oranın yılan ve akreplerinden de kendilerini korumuş olur, onlar ile karşılaşmazlar bile.

Bütün bunlar yanında bir de cehennemliklerin vücutlarının irileştirilip boylarının uzatılacağını hesaba kat. Allah, cehennemlikleri bu yoldan azabın acısını artırmak için vücutlarını irileştirip boylarını uzatır. Böylece ateş yalazının dağlayışını, yılan ve akrepleri sokusunu irileşecek olan vücutlarının her tarafından aynı anda ve devamlı olarak duymaları mümkün olur.

Ebû Hüreyre'nin (r.a.) rivayet ettiğine göre peygamberimiz (s.a.v.) buyuruyor ki: "Cehennemde kâfirin azı dişi Uhud Dağı kadar, derisinin kalınlığı ise üç günlük yol kadardır."

Peygamberimiz (s.a.v.) buyuruyor ki: "Cehennemde kâfirin alt dudağı, göğsünü örtecek şekilde sarkık ve üst dudağı da yüzünü kaplayacak şekilde kalkık olur."

Yine Peygamberimiz (s.a.v.) buyuruyor ki: "Kıyamet günü kâfirin dili o kadar uzar ki yerlerde sürüklenerek halkın ayakları altında kalır."

Cehennemlik vücutlar, bütün iriliklerine rağmen durmadan ateşte yanıp erirler fakat her eriyişten sonra derileri ve etleri yenilenir.

Yüce Allah'ın; "Ayetlerimizi inkâr edenleri öyle bir ateşe atacağız ki daha çok acı çeksinler diye derilerini her eriyip döküldüklerinde yenisi ile değiştireceğiz. Şüphesiz ki Allah her şeye kadir ve bütün yaptıkları yerli yerindedir." (Nisa Süresi, 56) Ayet hakkında Hasan el-Basrî (r.a.) der ki: Cehennemlikleri ateş, günde yetmiş bin kere yiyip eritir, fakat her seferinde onlara; "Eski durumlarınıza dönün," diye emir verilince hemen daha önceki gibi olurlar."

Şimdi de cehennemliklerin ağlamalarını, feryat etmelerini, ah, vah, keşke ölüp yok olsak da kurtulsak diye sızlanmalarını düşün. Bu durum onlarda cehenneme girer girmez başlar.

Nitekim peygamberimiz (s.a.v.) buyuruyor ki: "Kıyamet günü cehennem, her birini yetmiş bin meleğin çektiği yetmiş urgan ile çekilerek yerine kurulur. "

Enes İni Mâlik'in (r.a.) rivayet ettiğine göre, peygamberimiz (s.a.v.) buyuruyor ki: "Cehennemliklere ağlama gönderilir, onlar da gözyaşları kuruyuncaya kadar ağlarlar, gözyaşları kalmayınca kan ağlamaya başlarlar; öyle ki yüzleri, içine gemi salınsa yüzecek kadar derin bir kan çanağına döner."

Ağlayabildikleri, feryat edebildikleri, ah, eyvah, keşke ölsem de bu azaptan kurtulsam, diye bağırıp çağırabildikleri müddetçe biraz ferahlık duyarlar fakat bir müddet sonra bu davranışlar da kendilerine yasak edilir.

Muhammed Bin Kâ'b'ın söylediğine göre cehennemliklerin yapacağı dört çağrının Yüce Allah dördünü de cevaplandıracak, arkasından bir beşinci çağrıda bulunmaya dilleri varmayacaktır.

Cehennemliklerin bu çağrıları ile Yüce Allah'ın onlara vereceği cevaplar Kur'an'da şöyle bildirilmektedir:

İlk çağrıda cehennemlikler diyecekler ki: "Onlar, Rabbimiz bizi iki defa öldürdün, iki defa dirilttin. Biz de günahlarımızı itiraf ettik. Bir daha (bu ateşten) çıkmaya yol var mıdır?" derler. (Mümin Süresi, 11)

Allah (c.c.) onlara şöyle cevap verir: "Onlara, Bir Allah'a çağrıldığınız zaman inkâr ettiniz, ona ortak koşulunca inanıp tasdik ediyorsunuz. Artık hüküm, yücelerin yücesi Allah'ındır," denir. (Mümin Süresi, 12)

İkinci çağrıda cehennemlikler diyecek ki:

"Ey Rabbimiz, artık gördük ve duyduk. Şimdi bizi geri gönder de iyi amel işleyelim. Çünkü artık kesin inanç sahibi olduk biz..." (Secde Süresi, 12)

Allah (c.c.) onlara şöyle cevap verir: "Size hiçbir zeval yoktur, diye yemin etmemiş miydiniz?" (İbrahim Süresi, 44)

Üçüncü çağrıda cehennemlikler diyecek ki:

"Ey Rabbimiz, bizi buradan çıkar da daha önce işlediklerimizin tersine iyi ameller işleyelim." (Fâtır Süresi, 37)

Allah (c.c.) onlara şöyle cevap verir: "Size dünyada düşünenin düşüncesine yetecek kadar ömür vermedik mi? Size kötü akıbeti bildiren elçi de geldi. O halde şimdi çekin azabın acısını! Zalimlerin hiçbir koruyucusu yoktur." (Fatır Süresi, 37)

Dördüncü çağrıda cehennemlikler diyecek ki:

"Kötülük üzerimizde baskın çıktı da sapık bir kavim olduk. Ey Rabbimiz, bizi buradan çıkar, eğer bir daha küfre dönersek hiç şüphesiz, bizler zalimiz." (Mü'minûn Süresi, 106-107)

Allah (c.c.) onlara şöyle cevap verir: "Kalın orada ve hiç sesinizi çıkarmayın!" (Mü'minûn Süresi, 108) İşte o zaman çektikleri azabın şiddeti, doruğuna varır. Artık ebediyen konuşamazlar.

Mâlik İbni Enes'in söylediğine göre; Zeyd İbni Eşlem, Yüce Allah'ın; "Şimdi artık sızlansak da katlansak da bizim için fark etmez, bizim için kurtuluş yoktur," mealindeki ayeti hakkında der ki: "Cehennemlikler, önce yüz sene azaba ses çıkarmadan katlanırlar, arkasından yüz sene kadar sızlanıp feryat ederler, daha sonra da yine bir yüz sene daha ses çıkarmadan azap çekerler ve bunun üzerine; "Sızlansak da sabretsek de bizim için fark etmez, kurtuluşumuz yok," derler." (İbrahim Süresi, 21)

Peygamberimiz (s.a.v.) buyuruyor ki: "Kıyamet günü ölüm semiz bir koç şeklinde huzura getirilerek cennet ve cehennem arasında boğazlanır ve gerek cennetliklere ve gerekse cehennemliklere 'Ebedî barınağınız burasıdır, artık size ölüm yok!' diye seslenilir."

Hasan el-Basrî (r.a.) der ki: "İlk salıverilen cehennemlik, bin yıllık azaptan sonra çıkar. O adam keşke ben olsam."

Yine Hasan el-Basrî'yi bir köşede ağlarken gördüler. Ona; "Neye ağlıyorsun?" diye sordular. O da; "Onun (Allah'ın) beni cehenneme atıp da artık benim ile ilgilenmemesinden korkuyorum," dedi.

Deminden beri belirttiklerimiz genel olarak cehennemde çekilecek azapların çeşitleridir. Oradaki acıları, kederleri, sıkıntıları ve pişmanlıkları inceden inceye sayıp bitirmek mümkün değildir.

Karşılaştıkları azabın çetinliği ile birlikte cehennemlikler hesabına en acı gerçek, cennet saadetini, Allah'a kavuşma imkânını ve onun hoşnutluğunu kazanma mazhariyetini kaçırmaktır; üstelik bütün bu kayıpların sayıya vurulabilir, ucuz karşılıklar pahasına olduğunu bile bile. Çünkü bu değerli nimetleri, kısa süreli, arıtılmamış, acı ile karışık, yarım yamalak ve basit dünya arzuları uğruna kaybetmişlerdir.

Bu yüzden o gün içlerinden; "Eyvah, Allah'ın emirlerine karşı gelerek niye kendi kendimizi mahvettik. Niye nefsimizi bir kaç günlüğüne sabretmeye zorlayamadık? Eğer sabretseydik, o günler şimdi arkada kalacak ve bugün Allah'ın hoşnutluk ve bağışına kavuşmanın saadeti içinde O'nun yakınlığını kazanmış olacaktık," derler.

Oysaki o anda artık her fırsatı kaçırmışlar, başlarına türlü belâların çökmesine yol açmışlardır ve dünya saadetinin hiçbir nimeti de yanlarında kalmamıştır. Eğer cennet saadetini görmeseler, hayıflanmaları o kadar acı olmayabilirdi. Oysaki cennet onlara sunulur.

Peygamberimiz (s.a.v.) buyuruyor ki: "Kıyamet günü cehennemlik bir grup, cenneti görmeye getirilir. Bunlar cennete yaklaşıp bayıltıcı kokusunu burunlarına çeker çekmez köşklerine bakıp Allah'ın cennetliklere sunduğu nimetleri görür görmez onlara; 'Gidin, uzaklaşın buradan, sizin orada hiçbir payınız yok,' diye ses gelir. Bu ses üzerine eşi ne daha önce duyulmuş ve ne de daha sonra duyulabilecek bir hayıflanma duygusu içinde geri dönerler.

Bu sırada: 'Ey Rabbimiz! Eğer cennetini ve dostlarına orada sunduğun nimetleri göstermeden bizi cehenneme koysaydın, daha kolay gelirdi,' derler. Yüce Allah (c.c.) da onlara; 'Bunun böyle olmasını ben istedim. Çünkü dünyada yalnız başınıza kalınca bana ululuk taslayarak kafa tuttunuz. Oysa insanlar karşısında duygularınızın tersine bir görünüşe bürünerek gerçek kimliğinizi saklıyordunuz. Benden değil, insanlardan çekindiniz, beni değil, insanları saydınız. İnsanları düşünerek bazı davranışlardan kaçındığınız halde benim yasaklarıma uymadınız. Şimdi ben sizi bitmez mükâfattan mahrum tuttuğum gibi acı bir azaba da çarptırıyorum,' diye buyurur."

Ahmed İbni Harb (r.a.) der ki: "Gölgeyi güneşe tercih ederiz de cenneti cehenneme tercih etmeyiz."

Hz. İsa (a.s.) der ki: "Nice sağlam vücut, sağlıklı çehre ve tatlı sözlü dil, yarın cehennem katları arasında feryat edecektir."

Dâvud Tâi (r.a.) der ki: "Allah'ım! Ben senin güneşinin sıcaklığına dayanamıyorum da cehennemin ısısına nasıl katlanabileyim? Ben senin rahmetinin sesine dayanmazken azabının gürleyişine nasıl takat getireyim?"

Ey zavallı! Kıyametin belirttiğimiz korkunç gerçeklerini iyi düşün. Bilesin ki Yüce Allah bütün korkunç gerçekleri ile cehennemi yarattığı gibi kesin sayısı ile mahlûkatı da yaratmıştır. Bu gerçek hükme bağlanarak kesinleştirilmiştir.

Yüce Allah (c.c.) buyuruyor ki:

"Sen onları hesap görüldüğü zamanın dehşeti ile pişmanlık günü ile korkut. Onlar hâlâ gaflet içindedirler ve hâlâ inanmıyorlar." (Meryem Süresi, 39.)

Yemin ederim ki ayet-i kerime kıyamet gününe, daha doğrusu ezelin ezelinde verilerek, kıyamet günü açıklanan hükme işaret etmektedir.

Ezelde seninle ilgili olarak ne hüküm verildiğini bilmediğin halde nasıl böyle gülebiliyor, eğlenebiliyor ve basit dünya nimetleri ile oyalanabiliyorsun, şaşılır sana doğrusu!

"Keşke gideceğim yeri, durağımı, sığınağımı ve ezelde hakkımda verilen hükmü bilseydim," diyorsan, elinin altında bulunan ve isteğini cevaplandırmana yardımcı olabilecek önemli alâmet vardır.

Bu alâmet iş ve davranışlarını gözetlemektir. Herkese, uğrunda yaşatıldığı davranış ve iş çeşidi nasip olur. Eğer iyilik yolu önüne açılıyor, iyilikleri işlemek sana nasip oluyorsa sana müjdeler olsun. Sen cehennemden uzaksın demektir.

Fakat giriştiğin her iyiliğin önüne bir engel dikiliveriyor ve seni o iyiliği işlemekten alıkoyuyorsa, buna karşılık yapmayı tasarladığın her kötülüğü, hiçbir terslik önüne çıkmadan rahat rahat gerçekleştirebiliyorsan bil ki aleyhinde kesin hüküm verilmiştir. Verdiğim bu ipucunun akıbetini belirtmesi, yağmurun yeşilliğe ve dumanın ateşe delil olması gibi kesindir.

Yüce Allah: "Hiç şüphesiz, iyiler cennette ve kötüler de cehennemdedir," buyuruyor. (İnfitâr Süresi, 13-14)

Kendini bu iki ayete arz et, her iki dünyada yerini tespit etmiş olursun. Doğrusunu Allah bilir.

ÖLÜMÜN ŞİDDETİNİN BEYANI

Hasan el-Basrî'nin (r.a.) bildirdiğine göre peygamberimizin (s.a.v.) ölümü, onun sıkıntı ve acısını anlatırken; "Onun yol açtığı acı üç yüz kılıç darbesininkine bedeldir," buyurdu.

Peygamberimize (s.a.v.) bir gün ölüm acısı hakkında sormuşlar. O da buyurmuş ki: "En kolay ölüm, yünlü kumaşa batmış dikene benzer. Yünlü kumaşa batmış diken, yanında yün liflerini söküp almadan çıkar mı?"

Yine peygamberimiz (s.a.v.) bir gün ağır bir hastayı ziyaret ederken buyurur ki: "Ben bunun ne çektiğini biliyorum. Tek tek bütün damarları aynı anda ölüm sancısı içindedir."

Hz. Ali (k.v.) mücahitleri savaşa teşvik ederken der ki: "Eğer öldürmezseniz, ölürsünüz. Nefsimi kudret elinde tutan Allah'a yemin ederek söylüyorum ki bin kılıç darbesi indirmek, bana göre yatakta ölmekten daha kolaydır."

Evzaî (r.a.) der ki: "Duyduğumuza göre; ölü tekrar dirilip mezarından doğruluncaya kadar, ölüm acısı çekmeye devam eder."

Şeddat İbni Evs (r.a.) der ki: "Mümin için dünya ve Ahiretin en korkunç olayı ölümdür. Onun acısı, testere ile biçilmekten, makas ile doğranmaktan ve kazanda kaynamaktan daha şiddetlidir. Eğer ölü diriltilerek yaşayanlara başından geçenleri anlatsa, dünyalılar ne yiyip içip eğlenebilir ve ne de uykudan tat alabilirdi."

Zeyd İbni Eslem'den, o da babasından naklen rivayet eder ki: "Mümin dünyadaki ameli ile ulaşabileceği derecelerden birisine ulaşamamışsa kendisine şiddetli ölüm acısı çektirilir de ölümün sarsıntı ve acısı sayesinde cennetteki derecesini elde eder. Kâfirin de karşılığı verilmemiş bir iyiliği varsa canı kolay alınır da iyiliğin sevabını tüketerek cehenneme gönderilir."

Birçok ağır hastalara ölmek üzere iken neler hissettiklerini sormayı alışkanlık haline getiren bir marifet ehline komada iken "Sen ölümü nasıl buluyorsun?" diye sorarlar. Cevabı şöyle olur: "Sanki gökler yere kapaklanmış ve sanki canım iğnenin deliğinden çıkıyor."

Peygamberimiz (s.a.v.) buyuruyor ki: "Anî ölüm, mümin için rahata kavuşma ve ağır günahkâr için de hayıflanma vesilesidir."

Mekhul'den rivayet olunduğuna göre peygamberimiz (s.a.v.) buyuruyor ki: "Ölünün bir tek kılı gök ve yer halkı arasına düşse hepsi, Allah'ın izni ile ölürdü. Çünkü ölünün her kılında ayrı bir ölüm vardır, ölümün değdiği her canlı da ölür."

Rivayet edildiğine göre ölüm acısının bir damlası yeryüzü dağlarına düşse hepsi erirdi.

Rivayet edildiğine göre Hz. İbrahim (a.s.) ölünce Yüce Allah (c.c.) ona; "Ey dostum, ölümü nasıl buldun?" diye sordu. Hz. İbrahim: "Yaş yüne batırılmış geri çekilen şiş gibi," diye cevap verdi. Bunun üzerine Allah ona; "Üstelik biz onu senin için kolaylaştırdık," buyurdu.

Yine rivayet edildiğine göre ruhunu Allah'a teslim ettiği zaman Rabbi Hz. Musa'ya (a.s.); "Ya Musa, ölümü nasıl buldun?" diye sorar. Musa da şu cevabı verir: "Kızartılmak üzere canlı canlı tavaya konmuş ne ölüp huzura kavuşan ve ne de uçup kurtulabilen bir serçe gibi hissettim."

Başka bir rivayete göre de; "Kendimi kasabın eli altında canlı canlı yüzülen bir koyun gibi hissettim," diye cevap verir. Rivayet edildiğine göre peygamberimiz (s.a.v.) ölmek üzere iken sonra alnını silerek; "Allah'ım! Ölüm krizini benim için kolay kıl," diye dua ederdi.

Hz. Fâtıma (r. anha) bu arada; "Ah babacığım, acı çekiyor," diye ağlamaya başlayınca peygamberimiz ona; "Bu günden sonra babana acı yok," diyerek teselli etmişti.

Hz. Ömer (r.a.) bir gün Kâ'b el-Ahbar'a ("Radiyallahu Anhumâ); "Bize ölümden bahset," dedi. Kâb: Peki, ya Emirelmü'minin, ölüm çok dikenli bir ağaç dalı gibidir, bu dal insanın karın boşluğuna sokulmuş, her diken bir damara takılmış. Arkasından güçlü kuvvetli bir adam bu dalı geri çekmiş, böylece dal aldığını almış, bıraktığını bırakmış," dedi.

Peygamberimiz (s.a.v.) buyuruyor ki: "Mümin kul, ölümün sıkıntı ve krizine karşı çare bulur. Onun eklemleri; "Selâm sana, kıyamet günü yeniden buluşmak üzere birbirimizden ayrılıyoruz, diye birbirleri ile selamlaşırlar."

Buraya kadar Allah dostları ve onun yakınlığını kazananlar hesabına ölüm krizinin ve acısının keyfiyetini anlatmaya çalıştık. Ölüm onlar için bile böyle olunca bizim gibi günahkârların hali acaba nice olur? Ölüm krizi ile birlikte peş peşe başka felâketlerle de yüz yüze gelinir. Ölüme eşlik eden başlıca felâketler üçtür:

Birincisi, yukarıdan beri anlattığımız gibi şiddetli can çekişmedir, ikincisi, ölüm meleğini (Azrail'i) apaçık görmek ve bu görmenin kalbe salacağı korku ve ürpertidir. Ölüm meleğini günahkâr bir insanın ruhunu alırken büründüğü kılık içinde, en dayanıklı kimseler bile görse buna tahammül edemez.

Rivayet edildiğine göre Hz. İbrahim (a.s.) bir gün Azrail'e; "Günahkâr insanın canını alırken büründüğün kılığı bana gösterebilir misin?" diye sorar. Azrail (a.s.) ona; "Bunu görmeye dayanamazsın," diye cevap verir. Hz. İbrahim:

"Dayanırım, sen göster," diye ısrar edince Azrail: "Başını çevir," der. Bir müddet arkasını döndükten sonra tekrar yüzünü dönünce Hz. İbrahim, kapkara yüzlü, saçları diken diken, kötü kokulu, siyahlara bürünmüş, ağzından ve burun deliklerinden ateş ve duman çıkan bir adam ile karşılaşarak yere baygın düşer. Ayılınca Azrail ilk kılığına dönmüştür. Hz. İbrahim ona der ki: 'Ey ölüm meleği, günahkâr insan ölüm anında senin bu kılığınla yüz yüze gelmekten başka bir felâket ile karşılaşmasaydı, bu ona yeterdi,' der.

Ebû Hureyre'nin (r.a.) rivayet ettiğine göre peygamberimiz (s.a.v.) buyuruyor ki: "Hz. Dâvud (a.s.) eşine karşı kıskanç bir erkek olduğu için kendisi evden çıkarken karısının üzerine kapıyı kilitlerdi. Bir gün kapıyı kilitleyip gittikten sonra karısı başını kaldırınca yabancı biri ile yüz yüze gelir. Bunun üzerine kadın hizmetçilere; 'Bu adamı kim içeri aldı, eğer Dâvud gelirse ondan çekeceği var,' der. Bu arada Hz. Dâvud çıkagelir, yabancıyı görür, ona; 'Sen kimsin?' diye sorar. Yabancı: 'Ben krallardan korkmayan ve onların koyduğu perdelerle yolu engellenemeyen bir kimseyim,' diye cevap verir. Bu cevabı alan Hz. Dâvud: 'Vallahi, o halde sen ölüm meleğisin,' diyerek olduğu yere yığılıp kalır."

Rivayet edildiğine göre Hz. İsa (a.s.) bir gün yolda yürürken bir kafatasına rastlar, ayağı ile ona vurarak; "Allah'ın izni ile konuş," der. Bunun üzerine dile gelen kafatası şöyle konuşur: "Ya Rûhullah! Ben falan zamanda kraldım. Bir gün başımda tacım, çevremde muhafızlarım ve devlet adamlarım bulunduğu halde tahtımda oturuyorken ansızın karşıma ölüm meleği çıktı. Böylece bütün canlı uzuvlarım üzerimden ayrılarak canımla birlikte ona gitti. Keşke bütün o kalabalık çevrem olmasaydı. Keşke o kadar hareketli münasebetler içinde değil de yalnız başıma yaşasaydım." İşte asilerin başına gelen musibet budur. Bu musibet itaatkârların başına gelmeyecektir.

Peygamberler ölüm meleğini görenin içine düştüğü dehşeti değil sadece ölüm krizini anlatmışlardır. Oysaki insan ölüm meleğini rüyasında görse ölünceye kadar yemeden içmeden kesilir. Ölüm anında ve o korkunçlukta görmenin dehşetini var hesap et.

Allah'a kulluk görevine bağlı kalanlar ise ölüm meleğini en güzel ve alımlı görüntüsü ile görürler.

İkrime'nin ibni Abbas'dan ("Radiyallahu Anhumâ) rivayet ettiğine göre Hz. İbrahim titiz bir zât idi. Evinde müstakil bir ibadet odası vardı. Çıkarken bu odanın kapısını kilitlerdi. Bir gün içeri girince odanın ortasında bir yabancı ile karşılaşır. Yabancıya; "Seni evine kim aldı?" diye sorar. Yabancı: "Sahibi içeri aldı," diye cevap verir. Hz. İbrahim: "Sahibi benim," der. Yabancı: "Senden de benden de daha önce evin mülkiyetini elinde tutan beni içeri aldı," diye karşılık verir. Bunun üzerine Hz. İbrahim: "Bana müminlerin ruhlarını alırken büründüğün kılığın ile görünür müsün?" diye rica eder. Ölüm meleği: "Peki, o zaman arkanı dön," der. Hz. İbrahim de arkasını döner. Bir müddet sonra yüzünü dönünce bir genç ile karşılaşır. Hz. İbrahim hadiseyi naklederken yüz yüze geldiği delikanlının yüz güzelliğini, elbisesinin alımlılığını ve güzel kokusunu zikretmişti. Gördükleri karşısında ölüm meleğine; "Mümin ölüm anında sadece senin yüzünle karşılaşsa bu mükâfat ona yeterdi," der.

Ölüm sırasında karşı karşıya gelinecek bir diğer gelişme de iki muhafız meleğini görmektir. Bu konuda Süheyb (r.a.) der ki: "Duyduğumuza göre hiçbir kimse amellerini yazan iki muhafız meleğini görmeden can vermez. Eğer adam kulluk görevine bağlı kalmış biri ise melekler ona; "Allah bizden yana sana hayır versin. Bizi nice iyi mecliste oturttun ve nice iyi amelin işlenişine şahit eyledin," derler. Eğer adam günahkâr biri ise ona; "Allah bizden sana kötülük versin. Bizi nice kötü yerlerde oturmak zorunda bıraktın, nice kötü işleri ister istemez görmemize sebep oldun ve nice kötü sözü duymamıza yol açtın. Bu yüzden Allah hayrını vermesin," derler.

İşte bu anda ölmek üzere olan kimsenin gözleri sırf o meleklere dikilir ve artık bir daha dünyayı göremez.

Ölüm anında karşılaşılan felâketlerin üçüncüsü ise günahkârların cehennemdeki yerlerini görmeleri ve bu görmeden önce korkmalarıdır. Çünkü onların ölüm krizi esnasında bütün enerjileri boşalmış ve kendileri canlarının çıkışına boyun eğmişlerdir.

Fakat insanlar ölüm meleğinin yüksek sesli bildirisini duymadıkça ölmezler. Ölüm meleğinin bu bildirisi ya "Ey Allah'ın düşmanı, cehennem olarak sana müjde olsun," ya da "Ey Allah'ın dostu, cennet olarak sana müjde olsun," şeklindedir.

İşte derin akıl sahiplerinin ölüm korkusu bu sebepler dayanır. Nitekim Peygamberimiz (s.a.v.) buyuruyor ki: "Hiçbiriniz akıbetini öğrenmedikçe, cennet veya cehennemdeki yerini görmedikçe dünyadan ayrılmaz."

KABİR KORKUSU

Peygamberimiz (s.a.v.) buyuruyor ki: "İçine ölü gömüldüğü zaman kabir ona; 'Ey Âdemoğlu! Yazık sana, beni ne kadar hesaptan çıkardın. Benim sıkıntı, karanlık, yalnızlık ve böcek yurdu olduğumu bilmiyor muydun? Yolun bana düştüğünde ayakların geri geri giderken beni ne kadar hesap dışı bıraktın,' der."

Eğer ölü iyi amel işlemiş biri ise onun adına kabre denir ki: "Peki, ya bu adam iyiliği emreden ve kötülükten alı koyan biri ise o zaman ona karşı tutumun ne olur?" Kabir der ki: "O zaman ben onun için yeşil bir bahçe olurum, onun vücudu nurlanır ve ruhu Allah'a yücelir."

Ubeyd İbni Umeyr el-Leysî (r.a.) der ki: "Kabir, içine giren herkese seslenerek der ki: 'Ben karanlık ve yapayalnızlık yurduyum. Eğer hayatta iken Allah'a itaat halinde idiysen şimdi ben sana rahmet olurum. Eğer hayatta iken Allah'a karşı başkaldırdıysan bu gün ben senin için felâketim. Allah'a itaatkâr olarak bana gelen bir gün buradan memnun ayrılır. Allah'a karşı gelmiş biri olarak bana gelen biri ise bir gün buradan feryat figan kopararak çıkar."

Muhammed İbni Şirin (r.a.) der ki: "Öğrendiğimize göre kişi mezara gömülerek azap çekmeye başlayınca veya bir takım acılar ile yüz yüze gelince diğer kabirlerde yatan ölü komşuları ona şöyle seslenir: 'Ey dost ve komşularının ölümünden sonra dünyada kalan kimse, bizden niye ibret almadın? Henüz fırsat elindeyken bizim amel defterimizin ölümle kapandığını görmedin mi? Dostlarının kaçırdığı fırsatları sen değerlendiremez miydin?"

Diğer yandan yer tabakaları da ona şöyle seslenir: "Ey dünyanın görünüşlerine aldanan kişi, ailenden dünyaya aldanıp senden önce toprağın karnına gömülmüş olanlardan ibret alsaydın ya! Oysaki senden öncekilerin cenazelerinin sevdikleri tarafından bu kaçınılmaz durağa taşındığını görüyordun."

Yezid er-Rekkaşî (r.a.) der ki: "Öğrendiğime göre ölü mezara girince amelleri üzerine üşüşür ve Allah'ın izni ile dile gelerek sahiplerine derler ki: 'Ey çukurunda tek başına kalan kimse! Dostların ve ailen senden ayrıldı, bu gün bizden başka hiçbir yoldaşın yok senin."

Kâ'b el-Ahbar (r.a.) der ki: "İyi kul mezara gömülünce namaz, oruç, hac, cihat ve sadaka gibi iyi amelleri çevresine üşüşür. Bu arada azap melekleri ona ayakları tarafından sokulmak isteyince namaz der ki: 'Uzak durun ondan, ona sokulmanıza yol yok. Bu ayaklar üzerinde uzun müddet dikilerek Allah Rızası için beni kıldıydı.' Bunun üzerine azap melekleri ona başı tarafından sokulmak isteyince oruç: 'Onun yanına girmenize yol yok. Dünyada Allah rızası için uzun müddet susuz kaldıydı, bu yüzden yol yok size onun yanına sokulmaya,' der. Azap melekleri bunun üzerine yan taraftan ona sokulmaya girişince hac ve cihat birlikte derler ki: 'Uzak durun ondan. Nefsini feda ederek ve bedenini yorgunluğuna katlanarak hacca gitti cihat etti. Bu yüzden yanına girmeye yol yok size.' Bu sefer azap melekleri ona elleri tarafından sokulmaya kalkışınca sadaka der ki: 'Uzak durun efendimden. Nice sadaka şu iki elden çıkarak Allah rızası uğruna yoksulun eline girdi. Bu yüzden size ona varmaya yol yok.' Bunun üzerine o ölüye; 'Müjdeler olsun! Diriyken saadet içinde yaşadığın gibi ölüyken de saadete kavuşur,' diye seslenilir. Arkasından rahmet melekleri gelerek ona cennet yatağı sererler, cennet yaygıları yayarlar. Kabri, gözünün alabileceği kadar genişletilir, kendisine bir cennet kandili sunularak bir daha dirileceği güne kadar kabrinde aydınlık içinde zaman geçirir."

Ubeydullah İbni Ubeyd İbni Ömer (r.a.) bir cenaze namazında der ki: "Duyduğuma göre peygamberimiz (s.a.v.) şöyle buyurur: 'Ölü mezara konulunca, kendisini toprağa verenlerin ayak seslerini duyar oturur, kendisi ile konuşacak hiç kimse yoktur. Yalnız kabir ona seslenir ve der ki: Ey âdemoğlu, yazıklar olsun sana! Dünyada benim hakkımda, darlığım hakkında, pis kokum hakkında, dehşetim ve kurtlarım hakkında korkunç şeyler duymadın mı? Benim için ne hazırlık yaptın?"

Bera İbn-i Azib (r.a.) der ki: "Bir gün peygamberimiz ile birlikte Ensar'dan birinin cenazesini toprağa vermiştik. Peygamberimiz başını öne eğerek mezarın başına oturdu ve üç kere; 'Allah'ım, kabir azabından sana sığınırım,' dedi ve sonra sözlerine şöyle devam etti: 'Mümin Ahirete göçerken Allah ona yüzleri güneş gibi parlak bir grup melek gönderir. Ellerinde onun kefeni ve kokusu vardır. Gözünün görebileceği yere kadar sıra halinde otururlar, müminin ruhu çıkınca gerek yer ile gök arasında bulunan ve gerekse gökteki bütün melekler ona dua ederler, göklerin bütün kapıları onun ruhuna açılır, her gök kapısı ruhuna geçit vermeye can atar. Ruhu göğe yüceltilince; "Ya Rabbi, filân kulunu getirdik," diye seslenilir. Allah: "Geri götürün ona hazırladığım yüksek dereceleri gösterin. Çünkü ben dünyada ona, biz sizi topraktan yarattık, oraya döndürürüz ve yine sizi yeni baştan oradan çıkarırız, diye vaat etmiştim," diye buyurur. Kendisini mezara getirenlerin dönüp giderken ayak seslerini işitir bir halde iken sorgu melekleri yanına giderek onu, hey adam, Rabbin kim, dinin nedir, peygamberin kim? diye sorarlar. O da Rabbim Allah, dinim İslâm ve peygamberim Hz. Muhammed'dir, diye cevap verir. Sual sırasında ona oldukça sert davranırlar ama bu onun karşılaşacağı son imtihan olur. Soruların cevabını verince, doğru söylüyorsun, diye bir ses işitilir. İşte Yüce Allah, Allah dünyada ve Ahirette iman edenleri, sabit sözde (kelime-i şehadet) sebat ettirir, zalimleri de şaşırtır. Allah dilediğini yapar, (İbrahim Süresi, 27) ayeti ile bu hadiseye işaret etmektedir.

Arkasından yanına güzel yüzlü has kokulu, alımlı elbiseli biri girerek ona, Allah'ın rahmeti ve ebedî nimetlerinin bulunduğu cenneti olarak sana müjdeler olsun, der. Ölü olan, Allah seni de hayırla müjdelesin, kimsin sen, diye sorar. Yeni gelen der ki senin iyi amelinim. Allah'a yemin ederek söylüyorum ki senin ibadet işlemeye nasıl can attığını, buna karşılık günah işlememe karşı nasıl gönülsüz davrandığını iyi biliyorum. O yüzden Allah da sana iyilik verdi.

Arkasından onun altına bir cennet yatağı serin ve mezarından cennete bir kapı açın, diye bir ses gelir. Gelen emir uyarınca altına bir cennet yatağı serilerek yattığı yerden cennete bir kapı açılır. Bunun üzerine o der ki Allah'ım, kıyamet gününü çabuklaştır da bir an önce çoluk çocuğuma kavuşayım.

Kâfir ise dünyadan ayrılıp Ahirete göç etmeye yönelince yanına kaba ve sert görünüşlü bir grup melek girer. Ellerinde ateşten elbiseler ile katrandan iç çamaşırları vardır, hemen çevresini sararlar.

Son nefesini verince gerek gökle yer arasında ve gerekse gökteki bütün melekler ona lanet okurlar. Ruhuna karşı bütün gök kapılan kilitlenir. Hiçbir gök kapısı ruhuna yol vermek istemez, bu yüzden yukarıya çıkan ruhu, yarı yoldan geri çevrilir. Ve Ya Rabbi, falan kulunu ne gök ve ne de yer kabul ediyor, diye duyurulur. Bunun üzerine Yüce Allah, geri götürerek ona hazırladığım azapları gösterin. Çünkü ben ona sizi topraktan yarattık, oraya döndürürüz ve yine yeni baştan oradan çıkarırız, diye vaat etmiştim buyurur.

Ölü, kendisini geri getirip mezarına bırakanların ayak sesleri henüz kaybolmadan sual meleklerinin, hey adam, Rabbin kim, dinin nedir, peygamberin kimdir, soruları ile karşılaşır. Sorulara, bilmiyorum, diye karşılık verince sorgu meleklerinden, bilmen gerekirdi, diye karşılık alır.

Arkasından yanına çirkin yüzlü, pis kokulu ve çirkin elbiseli biri girer, ona Allah'ın gazabını ve daimi acı azabını sana müjdelerim, der. Bunun üzerine o yeni gelene Allah belânı versin kimsin sen, diye sorar. Yeni gelen der ki senin kötü amelin. Allah'a yemin ederek söylüyorum ki sen günah işlemeye can atar, buna karşılık ibadet işlemeye karşı gönülsüz davranırdın. Şimdi Allah cezam verdi. O da Allah senin de belânı versin, diye cevap verir. Daha sonra karşısına sağır, kör ve dilsiz bir azap meleği dikilir. Elinde insanlarla cinler bir araya gelseler kaldıramayacakları kadar ağır ve üzerine indirilebileceği bir dağı bile altında ezip toprağa çevirebilecek olan demir bir topuz vardır. Topuzla ona bir darbe indirince altında ufalanarak toz olur. Sonra yeniden can gelir. Alnına bir topuz darbesi daha indirilir. Darbeler arasında kopardığı feryadı insanların ve cinlerin dışında kalan bütün yeryüzü canlıları duyar. Arkasından onun altına iki ateş tabakası serin ve yattığı yerden cehenneme bir kapı açın, diye bir ses duyulur. Bunun üzerine altına iki ateş tabakası serilerek kabrinden cehenneme bir kapı açılır."

Muhammed İbni Ali (r.a.) der ki: "Her ölüye, gerek iyi amelleri ve gerekse kötü amelleri mutlaka gösterilir, iyilikleri karşısında gözleri dikilir, kötülükleri karşısına da başını öne eğer."

Ebû Hureyre'nin (r.a.) rivayet ettiğine göre peygamberimiz (s.a.v.) buyuruyor ki: "Mümin ölmek üzere iken bir grup melek, yanlarına misk ve reyhanlı bir ipek parçası ile ona gelirler. Ruhu hamurdan kıl çeker gibi çıkarılır. Ona; 'Ey huzura ermiş, tatmin olmuş ruh! Sen Rabbinden ve Rabbin de senden hoşnut olarak Allah'ın ululuk ve kerametine çık,' denir. Ruhu çıkarılınca meleklerin yanındaki misk ve reyhana konarak ipek parçasına sarılır ve İlliyûn'a gönderilir.

Kâfir ölmek üzere iken bir grup melek, yanlarına içinde yanar ateş parçası bulunan bir bez parçası ile ona gelir, ruhu hoyratça çıkarılırken ona; 'Ey pis ruh! Sen Rabbinden uzak ve Rabbinin gazabı üzerinde olarak O'nun azap ve ezasına çık,' denir. Çıkarılan ruhu meleklerin getirdiği ve harıl harıl yanan bu ateş parçası üzerine konarak bez parçasına sarılır ve siccin'e gönderilir."

Muhammed İbni Kâ'b el-Kurâzî (r.a.)'den rivayet edildiğine göre; "Nihayet onlardan birine ölüm gelince; 'Ey Rabbim, beni geri gönder de terk ettiğim konularda iyi amel işleyeyim,' der. Allah böyle diyen kula; 'Ne istiyorsun, arzun neyedir? Mal biriktirmek, ağaç dikmek, bina yapmak ve nehir yatakları açmak için mi yeniden dünyaya dönmek istiyorsun?' diye sorar. Kul: 'Hayır, ihmal ettiğim hususta da iyi amel işlemek için geri dönmek istiyorum,' diye cevap verir. Fakat Yüce Allah bu dileğe karşılık; 'Hayır, hayır. O sadece kendinin söylediği boş bir sözdür," diye cevap verir. Yani bu kimseler, bu sözü ölmek üzere iken mutlaka söylerler, fakat reddedilirler.

Ebû Hureyre'nin (r.a.) rivayet ettiğine göre peygamberimiz (s.a.v.) buyuruyor ki: "Müminin mezarı yeşil bir bahçedir ve yetmiş arşın boyu genişliğindedir. Ayın on dördüncü gecesi gibi aydınlatılır.

Onun için sıkıntı bir hayat vardır, ayeti kim hakkında indirildi, biliyor musunuz? Oradakiler 'Allah ile onun Resul'ü bilir,' deyince peygamberimiz şöyle buyurdu:

"Bu ayet kabirdeki kâfirin çekeceği azabı anlatmaktadır. Üzerine doksan dokuz musallat edilir. Tinnîn ne demektir bilir misiniz? Doksan dokuz yılan (ejderha) demektir. Her yılanın yedi başı vardır hepsi onu ısırır, yalar ve vücuduna nefes üfler. Bu hal kabirden kalkıncaya kadar devam eder. Sayının doksan dokuz olarak belirtilmesine şaşmamalı. Çünkü bu yılan ve akreplerin sayısı kibir, riya, kıskançlık, dargınlık, kin ve benzeri kötü huyların sayısıncadır. Çünkü bunların sayılı asılları vardır. Sonra kötü huylar bu asıllardan sayılı dallara ve her daldan çeşitli budaklara ayrılırlar.

İşte bu sıfatlar asıl mahvolma sebebidir. Ki (Bunlara mühlikât denilir.) bunlar aynen akrep ve yılanlara dönüşürler. Kuvvetlileri yedi başlı doksan dokuz yılan kadar ısırır, zayıfı da akrep gibi sokar, ikisi arasında kalanlar da bildiğimiz yılan gibi ısırır."

Kalp gözü açık, basiret sahipleri gerek bu mahvedici ana gövdeleri ve gerekse bu gövdelerden çıkan dallan görürler. Fakat bunların sayısı ancak Nübüvvet Nuru ile bilinir. Bu çeşit haberlerin gerçek bir dış yüzü ve gizli bir iç yüzü basiret sahiplerine açıktır. Bu çeşit haberlerin mahiyetini kavramakta güçlük çekenler, bunların dış yüzünü inkâr etmemelidirler. Tersine imanın en alt basamağı, doğrulayıp teslim olmaktır.

CEHENNEM MEYDANI VE CEHENNEM AZABI

Yüce Allah (c.c.) buyuruyor ki: "Onun (cehennemin) yedi kapısı vardır. Her kapıya bir grup ayrılmıştır." (Hicr Süresi, 44)

Ayetteki cüz, "zümre, fırka" demektir. "Kapılardan maksat, üst üste yükselen katlardır.

İbni Güreye (rahimehullâh) der ki: "Cehennem yedi tabakadır. İsimleri üstten aşağıya doğru şöyledir:

1) Cehennem,

2) Lazza,

3) Hutâme,

4) Saîr,

5) Sakar,

6) Cahîm,

7) Hâviye."

İlk tabaka iman eden günahkârlar için, ikinci tabaka Yahudiler için, üçüncü tabaka Hıristiyanlar için, dördüncü tabaka yıldızlara tapanlar için, beşinci tabaka ateşperestler için, altıncı tabaka putperestler için, yedinci tabaka da münafıklar içindir. Görülüyor ki cehennem bu tabakaların en üst katıdır. Sonra sırayla diğerleri gelmektedir.

Buna göre ayette Yüce Allah'ın şeytana uyanlarını yedi kısma ayırıp, her kısmı cehennemin bir katına yerleştireceği belirtilmek istenmektedir. Sebep de şudur: Küfür ve günahların derecesi değişik olduğu için onları işleyenlerin cehennemdeki durumları da değişik olmuştur.

Bir görüşe göre; göz, kulak, dil, karın, edep yeri, el ve ayaktan ibaret yedi vücut azasına karşılık cehennem de yedi kat olarak yaratılmıştır. Çünkü günahlar bu organlardan çıkmaktadır, o yüzden onların varacağı yer de yedi katlı olarak yaratılmıştır.

Bu konuda Hazret-i Ali (k.v.) der ki: "Cehennem, üst üste yedi kattan meydana gelmiştir. İlk önce birincisi, sonra ikincisi, sonra üçüncüsü sırayla bütün katlar dolar."

Buharı ve Tirmizî'nin İbni Ömer'den rivayetin göre peygamberimiz (s.a.v.) buyuruyor ki: "Cehennemin yedi kapısı vardır, bunlardan birisi, ümmetime karşı kılıç çekenlere mahsustur."

Taberanî'nin rivayetine göre bir gün Cebrail (a.s.) her zamankinden başka bir saatte peygamberimize gelir, peygamberimiz onu karşılayarak; "Ya Cebrail, niye senin çehreni solgun görüyorum?" diye sorar Cebrail: "Eğer Allah cehennemin körükleri hakkında sana bilgi vermemi emretmeseydi, gelecek değildim," der.

Peygamberimiz: "Ya Cebrail, bana cehennemi anlat," der. Cebrail şöyle cevap verir: "Allah, cehennemin bin yıl boyunca yakılmasını emretti. Bin yıl yakıldı, sonunda ağardı. Arkasından bin yıl daha yanmasını emretti, sonunda kapkara kesildi. Şimdi o kapkaradır, ne kıvılcımı ışık saçar ve ne de yalazı söner.

Seni hak üzere elçi olarak gönderen Allah'a yemin ederim ki cehennemde iğne deliği kadar bir delik açılsa dağılacak olan yüksek hararetten dolayı yeryüzünün bütün canlıları kavrularak ölürdü. Seni hak üzere elçi gönderen Allah'a yemin ederim ki cehennem bekçilerinden biri dünya halkına görünse yüzünün çirkinliği ve kokusunun ağırlığı yüzünden bütün yeryüzü halkı ölürdü. Seni hak üzere elçi gönderen Allah'a yemin ederim ki, Allah'ın (Kuran'ın) tanıttığı cehennem zincirinin bir halkası yeryüzü dağlarına konsa dağ yarılır ve yerin merkezine ininceye kadar durmazdı."

Bunun üzerine peygamberimiz; "Yeter, ya Cebrail! Yoksa kalbim duracak ve öleceğim," der.

Bu sırada Peygamberimiz, Cebrail'in ağladığını görür. Ona; "Ya Cebrail, Allah katında sahip olduğun mertebeye rağmen sen de ağlıyorsun," der. Cebrail şöyle cevap verir: "Niye ağlamayayım. Asıl benim ağlamam lâzım. Çünkü belki Allah'ın bilgisine göre bugünkü mevkiimden başka bir mertebedeyim. Belki meleklerden biri iken İblisin tâbi tutulduğu imtihanın bir benzerine ben de tâbi tutulurum. Bilmiyorum, belki de Harut ile Maruf'un başlarına gelenler benim de başıma gelir."

Bunun üzerine ikisi de ağlamaya başlarlar, gözyaşları akarken; "Ya Cebrail ve ya Muhammed, Yüce Allah her ikinizi âsi olmak tehlikesinden emin kılmıştır," diyen gizli bir ses duyarlar. Sesi duyunca Cebrail göğe yücelir peygamberimiz de dışarıya çıkar. Yolda Ensar'dan eğlenceye dalan bir gurup ile karşılaşır.

Onlara der ki: "Cehennem ardınızda iken gülüyor musunuz? Benim bildiklerimi bilseniz, az güler, çok ağlardınız. Gırtlağınızdan ne yemek ve ne de su geçerdi. Yüksek tepelere çıkarak yüksek sesle Allah'a yakarırdınız."

Bu sırada; "Ya Muhammed, kullarımı umutsuzluğa düşürme. Ben seni zorluk gösterici olarak değil, müjdeleyici olarak gönderdim," diye bir nida gelir.

Bu nidayı duyunca peygamberimiz: "Doğru olun ve Allah'a yaklaşın," diye buyurur.

İmam Ahmed'in rivayetine göre peygamberimiz Cebraile; "Niye hiçbir zaman Mikail'i gülerken görmüyorum?" diye sorar. Cebrail: "Mikail, cehennem yaratılalı beri hiç gülmüş değil," diye cevap verir.

Müslim'in rivayetine göre Peygamberimiz (s.a.v.)bir hadiste şöyle buyuruyor: "Kıyamet günü cehennem, her biri yetmiş bin melek tarafından çekilen yetmiş bin yedekle getirilir."

CEHENNEM AZABI

Ebu Dâvud, Nesâî ve Tirmizî'nin rivayetine göre; peygamberimiz (s.a.v.) şöyle buyuruyor: "Yüce Allah cennet ve cehennemi yaratınca Cebrail'i cennete gönderdi ve git orayı ve oraya girecek olanlara neler hazırladığımı gör." Cebrail de cennete vararak onu ve Allah'ın cennetliklere neler hazırladığını görüp dönünce Allah'a; "Ululuğun hakkı için oranın adını duyan herkes içeri dalar," der.

Arkasından cennet Allah'ın emri üzerine günahlar ile kuşatılır. Bunun üzerine Allah Cebrail'e; "Bir daha cennete dön ve cennetlikler için neler hazırladığımı gör," diye emir buyurur. Cebrail yeniden cennete varınca günahlar ile çevrelendiğini görür, geri dönünce; "Ululuğun hakkına yemin ederim ki oraya hiç kimsenin girmeyeceğinden korktum," der.

Bu sefer Allah Cebrail'e; "Var, git cehennemi ziyaret et ve orada cehennemlikler için neler hazırladığımı gör," diye buyurur. Cebrail oraya varınca cehenneme bakar, ateş dalgalarının üst üste yuvarlanıp yükseldiğini görür. Allah'ın huzuruna dönünce; "Ululuğun hakkına yemin ederim ki adını duyan hiç kimse oraya giremez," der. Bu sırada Allah'ın emri üzerine cehennem azgın nefsi arzular tarafından kuşatılır. Allah Cebrail'e; "Oraya yeniden git, gör," diye buyurur. Cebrail de bir daha cehennemi görünce; "Ululuğun hakkına yemin ederim ki oraya girmeyen tek kimse kalmayacağından korktum," der.

Beyhakî'nin uygun bir senetle İbni Mes'ut'tan rivayetine göre; "Hiç şüphesiz o, (cehennem) köşk iriliğinde kıvılcımlar saçar." (Mürselât Süresi, 32) mealindeki ayet hakkında

İbni Mes'ud (r.a.) "Ben bu kıvılcımlar için ağaçlar gibi değil, kaleler ve şehirler gibi tabirini kullanıyorum," demiştir.

Ahmed İbni Hanbel, İbni Mâce, İbni Hıbban ve Hâkim'e göre Peygamberimiz buyuruyor ki: "Veyl, öyle bir cehennem vadisidir ki kâfir dibine varıncaya kadar içinde kırk yıl batmaya devam eder."

Tirmizî'ye göre ise aynı hadis şöyledir: "Veyl iki dağ arasında o kadar derin bir vadidir ki kâfir dibine ulaşıncaya kadar içinde yetmiş yıl batmaya devam eder."

Tirmizî ve İbni Mâce'nin rivayetine göre bir gün Peygamberimiz (s.a.v.) sahabelerine: "Hüzün kuyusundan Allah'a sığının," buyurur.

Sahabeler: "Ya Resulallah, hüzün kuyusu nedir?" diye sorarlar. Peygamberimiz: "Bizzat cehennemin günde dört yüz kere kendisinden Allah'a sığındığı bir cehennem vadisidir," diye cevap verir.

Sahabeler: "Oraya kimler girer, ya Resulallah?" diye sorarlar. Peygamberimiz onlara şu cevabı verir: "Orası, amellerini gösteriş için işleyen Kur'an okuyucuları için hazırlanmıştır. Hiç şüphesiz, Allah'ın gazabına en çok hedef olan Kur'an okuyucuları, zorba devlet adamlarını ziyaret edenlerdir."

Taberanî'de yazdığına göre; cehennemde bizzat cehennemin günde dört yüz kere Allah'a sığındığı bir vadi vardır ki orası Muhammed ümmetinin ikiyüzlüleri için hazırlanmıştır.

İbni Ebî Dünya der ki: "Cehennemin yetmiş bin vadisi, her vadinin yetmiş bin kolu ve her vadi kolunun yetmiş bin taşı vardır, her taşta cehennemlikleri yüzlerinden sokan birer yılan barınır."

Buharı tarihinde senedi zayıf şöyle bir hadis vardır: "Cehennemin yetmiş bin vadisi, her vadinin yetmiş bin kolu, her vadi kolunun yetmiş bin hanesi ve her hanenin yetmiş bin evi, her evde yetmiş bin kuyu, her kuyuda yetmiş bin yılan bulunur ve her yılan da ağzında yetmiş bin akrep taşır. Gerek kâfir ve gerekse münafık, vadinin dibini boylayıncaya kadar bunların her biri ile ayrı ayrı karşılaşır."

Tirmizî'nin rivayet ettiği münkatı bir hadiseye göre peygamberimiz (s.a.v.) buyuruyor ki: "Cehenneme atılan büyük bir kaya yetmiş yıl düşmesine rağmen dibine varamaz."

Hz. Ömer (r.a.) der ki: "Cehennemi sık sık hatırla. Çünkü harareti yüksek, dibi derin ve topuzları demirdendir."

Bezzar, Ebû Ya'la, İbni Hıbban ve Beyhakî'nin rivayetine göre peygamberimiz: "Cehenneme bir kaya salınsa yetmiş yıl düşerek ancak dibine ulaşabilir," diye buyuruyor.

Müslim'in rivayetine göre Ebû Hureyre (r.a.) der ki: "Bir gün peygamberimiz: 'Bu duyduğunuz nedir, biliyor musunuz?' diye sordu. 'Allah ve onun Resulü bilir,' diye cevap verdik. Bunun üzerine peygamberimiz şöyle buyurdu: 'Allah yetmiş yıl önce cehenneme bir kaya salmıştı, işte şimdi onun cehennemin dibine varışının yankısını duydunuz."

Taberanî'nin rivayetine göre Said el-Hudrî (r.a.) der ki: "Peygamberimiz bir gün şiddetli bir yankı sesi duyarak irkildi. Bu sırada yanına Cebrail geldi, peygamberimiz: 'Ya Cebrail, bu duyduğum ses nedir?' diye sordu. Cebrail de ona şu cevabı verdi: 'Yetmiş sene önce cehenneme bir kaya salınmıştı fakat ancak şimdi dibine ulaştı. İşte onun sesini Allah sana duyurmak istedi."

Peygamberimizin bu olaydan sonra, ruhunu Allah'a teslim edinceye kadar ağzını açarak güldüğü görülmemiştir.

Ahmed İbni Hanbel ve Tirmizî'nin rivayetine göre buyuruyor ki: "Eğer şunun gibi (kafatasını işaret ederek) yuvarlak bir kaya parçası gökten salınsa oradaki mesafe beş yüz senelik yol kadar olduğu halde akşam olmadan yere iner. Fakat aynı kaya cehennemin ağzına salınsa dibine varabilmesi için, kırk yıl geceli gündüzlü düşmeye devam etmesi lâzımdır."

Ahmed İbni Hanbel, Ebû Ya'la ve Hâkim'in rivayetlerine göre Peygamberimiz (s.a.v.) buyuruyor ki: "Cehennemin demir topuzlarından biri yere indirilse, insanlarla cinler bir araya gelerek onu yerden kaldıramazlardı."

Hâkim'in rivayetine göre peygamberimiz: "Cehennemin demir topuzlarından biri dağa indirilse, ufalanarak kül olurdu," buyuruyor.

İbni Ebu Dünya'nın rivayetine göre peygamberimiz: "Cehennem kayalarından biri dünya dağlarından birinin tepesine düşse, dağ eriyerek kül olur. Her cehennemliğin yanında böyle bir cehennem taşı ile bir şeytan bulunur," buyurmuştur.

Hâkim'in rivayetine göre Hz. Peygamberimiz (s.a.v.) buyuruyor ki: "Yer yedi kattır. Her iki kat arası beş yüz yıllık mesafedir. En üst kat, başı ve kuyruğu havaya kalkmış bir balığın sırtı üzerindedir, balık kaya üzerinde ve kaya da bir meleğin elindedir.

İkinci kat rüzgârın mahfesidir. Yüce Allah Ad kavmini yok etmek istediği zaman rüzgâr koruyucusuna, üzerlerine mahvedici bir rüzgâr estirmesini emretti. Rüzgâr koruyucusu olan melek: "Ya Rabbi, onların üzerine öküzün burun deliklerinden çıkan yel kadar rüzgâr salayım mı?" diye sordu.

Yüce Allah: "O kadarla bütün yeryüzünün ve bütün canlıların hakkından gelirsin. Sen onların üzerine yüzük taşı kadar rüzgâr sal," buyurdu. İşte üzerinden geçtiği hiçbir şeyi, çürümüş kemik döküntüsü gibi yapmadan bırakmaz, mealindeki ayet bu rüzgâra işaret eder.

Üçüncü kat yerde cehennem taşları, dördüncü kat yerde cehennem kibriti vardır.

Sahabeler: "Ya Resulallah, cehennemin kibriti mi var?" diye sordular. Onlara; "Evet var, nefsimi kudret elinde tutan Allah'a yemin ederim ki o katta öyle kibrit vadileri vardır ki içlerine yüce dağlar salınsa, eriyerek su gibi akarlardı," diye cevap verdi.

Beşinci kat yerde cehennem yılanları bulunur, ağızları vadi gibi geniştir.

Altıncı kat yerde cehennemin akrepleri bulunur, en küçüğü semerli katır iriliğindedir, bir darbe indirince kâfire cehennem ateşinin hararetini unuttururlar.

Yedinci kat yerde bir eli önde, bir eli arkada olmak üzere demir kelepçeye vurulmuş olarak İblis vardır. Yüce Allah onu bir kulun üzerine salmak isteyince çözer."

Ahmed İbni Hanbel, Taberanî ve İbni Hıbban ve Hâkim'in rivayetine göre Peygamberimiz (s.a.v.) buyuruyor ki: "Cehennemde deveboynu kalınlığında yılanlar vardır. Her biri bir kere sokunca yakıcı acısı yetmiş yıl devam eder. Yine cehennemde semerli katır iriliğinde akrepler vardır, her biri insanı bir kere ısırınca ateşi kırk yıl boyunca duyulur."

Tirmizî, İbni Hıbban ve Hâkim'in rivayetlerine göre peygamberimiz: "Cehennemlikler, su diye yalvarınca kendilerine yüzleri kavuran katran gibi bir sıvı verilir. O ne fena bir içecek ve orası ne kötü bir yerdir," mealindeki ayet hakkında, 'bu sıvı zeytinyağı tortusu gibidir, cehennemlik kimse ona yaklaşınca yüzünün derisi eriyerek içine dökülür,' buyuruyor. (Kehf Süresi, 29)

Tirmizî'nin rivayet ettiğine göre peygamberimiz (s.a.v.) şöyle buyuruyor: "Cehennemliklerin başlarına dökülen kaynar su içlerine sızarak karın boşluklarını eritir ve içlerinde ne varsa eriyerek tabanlarından dışarıya akar. Sonra yeniden eski hallerine döndürülürler."

Dahhak (rahimehullah) der ki: "Hamım, Allah'ın yeri göğü yarattığından beri cehennemliklere içirileceği ve başlarından aşağı döküleceği ana kadar durmadan kaynamaktadır."

Bir görüşe göre cehennemliklere sunulacak olan kaynar su, onların akan gözyaşlarını cehennem havuzlarında biriktirerek elde edilir ve kendilerine sunulur.

İşte "Onlara (cehennemliklere) bağırsaklarını parçalayan kaynar bir sıvı verilir," mealindeki ayet, bu sıvıya işaret etmektedir. (Muhammed Süresi, 15)

Bu hususta daha başka sözler de söylenmiştir. Ahmed İbni Hanbel, Tirmizî ve Hâkim'in rivayetine göre "Ötesinde cehennem vardır ve kendisine irinleşmiş su verilir. Onu ağzına alır fakat yutamaz, ona her türlü azap vardır." (İbrahim Süresi, 15-16) mealindeki ayet hakkında şöyle buyurmuştur: "İrinli su ağzına yaklaştırılınca tiksinir, daha yakına getirilince yüzünü kavurur, başının derisi eriyip akar, içince de bağırsaklarını parçalar. Nihayet dübüründen çıkar."

Yüce Allah (c.c.) buyuruyor ki: "Onlara (cehennemliklere) bağırsaklarını parçalayan kaynar bir sıvı içirilir." (Muhammed Sûresi, 15)

Yine Yüce Allah (c.c.) buyuruyor ki: "Cehennemlikler su diye yalvarınca kendilerine yüzleri kavuran, kaynar katran gibi bir sıvı verilir. O ne fena bir içecek ve orası ne kötü bir yerdir." (Kehf Sûresi, 29)

Ahmed İbni Hanbel ve Hâkim'in rivayetine göre Peygamberimiz buyuruyor ki: "Gassak'dan yeryüzüne bir hava dökülse, bütün dünya halkını kokuştururdu."

Buradaki gassak "O azabı tatsınlar ki o kaynar su ve gassaktır," ayeti ile "sadece kaynar su ve irin içerler" mealindeki ayette adı geçen irindir. (Sad Sûresi, 57, Nebe Sûresi, 25)

Bu irin hakkında çeşitli görüşler vardır. İbni Abbas'a (r.a.) göre o, kâfirin cildinden süzülen sarı su, başkalarına göre de yine kâfirlerin kokmuş irinleridir. Kâ'b-el Ahbar'a göre o bir cehennem pınarıdır ki oraya yılan, akrep ve benzeri gibi zehirli hayvanların zehirleri sızarak birikir. Sonra da âdemoğlu getirilip bu sıvıya batırılır. Çıkarken derisi eriyerek akar, etleri de kemiklerinden ayrılarak oyluklarından ve diz kapaklarından yerlere sarkar, o da insan elbisesini sürükler gibi etlerini sürükler.

Tirmizî'nin rivayetine göre bir gün; "Ey Müminler, Allah'tan gerektiği gibi korkun ve mutlaka Müslüman olarak ölün." (Al-i İmrân Süresi, 102) mealindeki ayeti okuduktan sonra şöyle buyurdu: "Eğer Zakkumun bir parçası dünyaya damlasaydı, dünya halkının bütün yiyecek ve içeceklerini bozardı, yiyeceği yalnız bu olanın hali nice olur, varın siz düşünün."

Başka bir rivayete göre hadisin son kısmı: "Bundan başka yiyeceği olmayanın hali nice olur, varın siz düşünün," şeklindedir.

Takıntılı bir yiyecek mealindeki ayet ifadesini İbni Abbas ("Radiyallahu Anhumâ): "Yani, gırtlağa takılıp ne içeri giren ve ne de geri çıkan bir yiyecek," şeklinde açıklamıştır.

Buharı ve Müslim'in rivayet ettikleri bir hadiste Peygamberimiz (s.a.v.) buyuruyor ki: "Kâfirin iki omuz başının arası hızlı giden bir atlı hesabı ile üç günlük yol genişliğindedir."

Ahmed İbni Hanbel'in rivayetine göre peygamberimiz (s.a.v.) buyuruyor ki: "Kâfirin azı dişi Uhud Dağı, uyluğu Beyza tepesi, cehennemde kapladığı yer Kadid ile Mekke arası (yani takriben üç günlük yolculuk mesafesi) kadar, derisi de Yemen Kralı Cebbar'ın arşını ile kırk arşın boyu kalınlığındadır."

Fudayl Bin Yezid'den Tirmizî'nin rivayetine göre Peygamberimiz (s.a.v.) buyuruyor ki: "Kıyamet günü kâfirin dili bir veya iki fersah kadar yere sarkar ve insanların ayakları altında çiğnenir:"

Fudayl bin Yezidin Ebû Aclan'dan rivayetine göre kıyamet gününde kâfir, dilini iki fersah sürükleyecek insanlar onu çiğneyecektir. Bu hadisi Beyhakî ve başkaları rivayet etmiştir. Doğru olanı bu rivayettir.

Peygamberimiz (s.a.v.) buyuruyor ki: "Cehennemliklerin gövdesi, cehennemde o kadar irileştirilir ki kulak memeleri ile omuz başları arası yedi yüz yıllık bir yolculuk mesafesinde, derilerinin kalınlığı yetmiş arşın boyu kadar ve azı dişleri Uhud Dağı boyunda olur."

Ahmed İbni Hanbel ile Hâkimin rivayetlerine göre Mücahid (r.a.) der ki: "Bir gün İbni Abbas bana; 'Cehennem ne kadar geniştir, biliyor musun?' diye sordu. "Hayır, bilmiyorum," diye cevap verdim. Bunun üzerine o, 'Evet, vallahi bilmiyorsun! Cehennemlik bir adamın kulak memesi ile omuz başı arası yetmiş yıllık yol kadardır. Orada kan ve irin nehirleri akar,' dedi. Ben: 'Kan ve irin nehirleri mi dedin?' diye sordum, İbni Abbas: 'Hayır hayır, kan ve irin vadileri,' diye cevap verdi."

KIYAMETİN DEHŞETLERİ

Rivayete göre Hz. Ayşe (r. anha) buyurur ki: "Ya Resulallah, kıyamet günü sevenler birbirlerini hatırlarlar mı?" diye sordum. Bana şu cevabı verdi: "Üç yerde hayır. Birincisi, Mizan karşısında, iyiliklerin ağır mı yoksa hafif mi geleceği belli oluncaya kadar; ikincisi amel defterleri uçuşurken. Herkes amel defterim acaba sağımdan mı yoksa solundan mı verilecek diye beklerken. Üçüncüsü de cehennemden uzun bir boyun çıkarak bir takım kimselerin boyunlarına dolanarak şu üç kimseye musallat edildim; Allah ile birlikte başka bir ilâha tapana bütün zalim ve zorbalara ve hesaplaşma gününe inanmayanlara derken, bu kimseleri kıskaca alarak cehennemin derinliklerine atar.

Cehennemde kıldan ince, kılıçtan keskin bir köprü vardır. Üzerinde sivri demirden çengeller ve dikenler vardır. Bu köprüden insanlar, kimi çakan şimşek kimi esen rüzgâr gibi geçeceklerdir."

Hz. Ebû Hureyre (r.a.) der ki peygamberimiz (s.a.v.) şöyle buyurdu: "Yüce Allah gökleri ve yeri yaratınca Sûr'u yaratıp İsrafil'in eline verdi, o da onu ağzına koyarak; 'Ne zaman üfleme emri alacağım,' diye bakışlarını Arş'a dikmiş beklemektedir."

Ben ona; "Ya Resulallah, 'Sûr nedir?' diye sordum. Bana: 'Nurdan bir boynuzdur,' diye cevap verdi. Ben: 'Ya Resulallah, nasıl bir şeydir?' diye sordum. O da bana; 'Geniş çaplı bir daire şeklindedir.' Beni Hak din ile peygamber olarak gönderen Allah adına yemin ederek söylüyorum ki çapı yerle gök arası genişliğindedir. İsrafil bu Sûr'a üç kere üfler; birinci üfleme ürkütmek, ikinci üfleme canlıların hepsini öldürmek, üçüncü üfleme de yeniden diriliş içindir. Üçüncü üfleyişten sonra ruhlar ortaya çıkarak gök ile yer arasını arılar gibi doldururlar ve genizlerden cesetlere girerler. Toprağı yarılarak yerden ilk çıkacak olan benim."

Başka bir hadiste bildirildiğine göre Yüce Allah, Cebrail, Mikâil ve İsrail'i yeniden diriltince bunlar hemen yanlarına Burak'ı ve bir kat cennet elbisesi alarak peygamberimizin kabri başına inerler. O sırada kabrin toprağı yarılarak derhal açılır. Peygamberimiz Cebraile bakar; "Bu hangi gündür?" diye sorar. Cebrail: "Bugün kıyamet günüdür, bugün haşir günüdür; bugün karar günüdür," diye cevap verir. Peygamberimiz: "Ya Cebrail, Allah ümmetime ne yaptı?" diye sorar. Cebrail: "Müjdeler olsun sana üzerindeki toprak ilk açılan sensin," diye cevap verir.

Ebû Hureyre'nin rivayet ettiğine göre, peygamberimiz buyurmuştur ki: "Yüce Allah buyurur ki ey insanlar ve cinler! Ben size gereken nasihati vermiştim, işte şimdi amelleriniz defterlerinizde yazılı. İyilik bulan Allah'a hamd etsin. Başka türlüsünü bulan da kendinden başkasını kınamasın."

Anlatıldığına göre bir gün Yahya İbni Muaz el-Razî'nin (r.a.) bulunduğu mecliste; "O gün takva sahiplerini Allah huzuruna toplar ve günahkârları cehenneme yaya ve susuz olarak sevk ederiz" mealindeki ayetler okununca o şöyle der:

"Ey insanlar! Bir dakika, bir dakika! Yarın mahşerin durak yerinde hep bir araya geleceksiniz. Her yönden gurup gurup gelerek Allah'ın huzuruna tek tek dikileceksiniz. Kelime kelime yaptıklarınızdan hesaba çekileceksiniz. Ermişler Allah'a binekli olarak, günahkârlar da Allah'ın azabına yaya ve susuz olarak götürülecek. Ve bölük bölük cehenneme gireceklerdir!

Kardeşlerim! Önünüzde sizin hesabınıza göre elli bin sene uzunluğunda bir gün var, o gün sarsıntı günü, yaklaşan gündür. Bütün insanlar o gün Allah'ın huzurunda dikileceklerdir, o gün, hayıflanma ve pişmanlık günü, tartışma ve hesaplaşma günü, feryat günü, geleceği kesin bir gün, kalp çarpıntısı günü, yeniden dirilme günü, herkesin kendi elleri ile işlediklerine bakacağı bir gün, aldanma günü, kimi yüzlerin ağardığı ve kimisinin de karardığı gün, Allah'ın huzuruna temiz kalple gelenlerden başka malın, çoluk çocuğun fayda sağlamadığı bir gün, zalimlere mazeretlerinin fayda vermediği, kendileri için fena yerleşme yeri hazırlanan bir gündür."

Mukatil İbni Süleyman (r.a.) der ki: "İnsanlar kıyamet günü, hiç konuşmadan yüz yıl beklerler, yüz yıl da karanlıkta şaşkınlık içinde geçer, yüz yıl da dalga dalga birbirine sürtünerek Allah'ın huzurunda çekişirler. Kıyamet günü, sizin hesabınıza göre elli bin yıl uzunluğunda olmasına rağmen ihlaslı bir mümine en kısa bir namaz süresi gibi gelir."

Peygamberimiz (s.a.v.) buyuruyor ki: "Şu dört şeyden hesaba çekilmeden kulun ayakları kaymaz:

1- Ömrünü nerede harcadığından,

2- Vücudunu nerede yıprattığından,

3- İlmi ile nasıl amel ettiğinden,

4- Malını nereden kazanıp, nerede harcadığından"

Peygamberimiz (s.a.v.) buyuruyor ki: "Her peygamberin mutlaka kabul olan bir duası vardır, hepsi bu haklarını dünyada kullandı. Ben dua hakkımı kıyamet günü ümmetime şefaat etmek için sakladım."

Allah'ımız! Bizleri Resulullah (s.a.v.)'in şefaatine eriştir!

CEHENNEM VE MİZANIN SIFATLARI

Bu mevzuda bazı noktalara daha önce temas etmiş olmamıza rağmen, faydayı tamamlamak için yeniden ele almakta mahzur görmedik. Ola ki bozulmuş ve gafil gönüllere tekrarlanan nasihatler kâr eder.

Bu husus Yüce Allah (c.c.) Kur'an'ın birçok yerinde cehennemin korkunçluğu ile Kıyamet şiddeti sıkıntılarına büyük önem vermiştir. Öyle ki Allah Teâlâ'nın bu beyanatı aklı başında insanların kalplerine en büyük tesiri yapmış, Ahiretin faydalı ve kalıcılığını; onun dışındaki her şeyin hiçliğine tercih etmiştir.

Cehennemin nasıl bir yer olduğu konusuna gelince Allah cümlemizi bağış ve keremi ile oradan korusun. Hadiste bildirildiğine göre orası simsiyah ve karanlıktır, ışığı ve alevi yoktur. Cehennemin yedi kapısı vardır. Her kapının üzerinde yetmiş bin dağ vardır, her dağın üzerinde yetmiş bin ateşten tepe vardır, her ateşli tepe üzerinde yetmiş bin ateş çukuru vardır. Her ateş çukurunda yetmiş bin ateş vadisi bulunur.

Her vadide yetmiş bin ateşten köşk, her köşkte yetmiş bin ateş evi, her evde yetmiş bin yılan ile yetmiş bin akrep her akrebin yetmiş bin kuyruğu vardır. Her kuyrukta yetmiş bin boğumu, her boğumda da yetmiş bin testi dolusu zehir bulunur.

Kıyamet günü olunca cehennemin örtüsü açılır ve ondan insanlarla cinlerin sağından solundan, önünden, arkasından ve tepeleri üzerinden uçuşan birtakım çadırlar çıkar, insanlar ile cinler bu manzarayı görünce dizüstü çökerek hep birlikte; "Allah'ım, bizi kurtar," diye çığlık atarlar.

Müslim'in rivayet ettiğine göre, peygamberimiz (s.a.v.) buyurur: "Kıyamet günü cehennem her birinden yetmiş bin meleğin tuttuğu yetmiş bin yedek ile çekilerek getirilir."

Bir hadiste peygamberimiz (s.a.v.): "Cehennemde iri, sert, Allah'ın kendilerine verdiği emrine isyan etmeyen, verilen emri olduğu gibi uygulayan melekler görevlendirilmiştir" (Tahrîm Süresi, 6) mealindeki ayette iri kıyımlılıkları belirtilen cehennem zebanileri hakkında buyurur ki: "Bu meleklerden her birinin iki omuz başı bir yıllık yol mesafesi kadardır. Her birinin öyle bir kuvveti vardır ki elindeki demir topuz ile bir dağa vursa onu paramparça eder. Her darbesi ile yetmiş bin kişiyi cehennemin derinliklerine atar."

"Cehennemde on dokuz melek görevlidir" (Müddessir Süresi 30) mealindeki ayet, zebanilerin ileri gelenlerinin sayısını belirtir, yoksa cehennemdeki bütün görevli meleklerin sayısını Allah'tan başka kimse bilmez.

Nitekim Yüce Allah: "Rabbinin askerlerinin sayısını yalnız o bilir," buyurur. (Müddessir Süresi, 3)

İbni Abbas'a (r.a.) cehennemin genişliği sorulunca; "Vallahi, genişliğinin ne kadar olduğunu bilmiyorum. Fakat öğrendiğimize göre her cehennem zebanisinin kulak memesi ile ensesinin arası yetmiş yıllık yol mesafesindedir, cehennemde kan ve irin ırmakları akar," diye cevap vermiştir.

Tirmizî'nin rivayet ettiği bir hadise göre cehennem çadırlarının duvar kalınlığı kırk yıllık yol mesafesindedir.

Müslim'in rivayet ettiğine göre Peygamberimiz (s.a.v.) buyuruyor ki: "Sizin şu ateşiniz, cehennem ateşinin yetmişte biri şiddetindedir." Sahabeler: "Ya tam olsaydı nasıl olacaktı?" diye sordular. "Bu ateşin ısısı altmış dokuz kat arttırılmıştır. Her katın sıcaklığı dünya ateşi kadardır," diye cevap verdi.

Peygamberimiz (s. a. v.) buyuruyor ki: "Cehennemliklerin biri avucunu dünyalılara uzatsa hararetinden bütün dünya yanardı. Cehennem zebanilerinden biri dışarı çıksa da insanlar onu görse, Allah'ın onun üzerinde beliren gazabı yüzünden bütün insanlar derhal ölürlerdi."

Peygamberimiz bir gün sahabeleri ile birlikte otururken derin bir gürültü duyuldu. Peygamberimiz: "Bu gürültünün ne olduğunu biliyor musunuz?" diye sordu.

Sahabeler: "Allah ve Resulü bilir," diye cevap verince peygamberimiz: 'Yetmiş sene önce cehenneme bir taş atılmıştı, şu ana kadar yol alıyordu, duyduğunuz bu gürültü o taşın dibe vurma sesidir," diye buyurdu.

Hz. Ömer (r.a.) de; "Cehennemi sık sık hatırlayın. Çünkü harareti çok yüksek, dibi çok derin ve topuzları demirdendir," buyurur.

İbni Abbas'a göre cehennem kendilerini uzaktan görünce (cehennemlikler) onun uğultu ve homurtusunu duyarlar (Furkân Süresi 12) mealindeki ayet hatırlatılarak kendisine; "Cehennemin gözleri mi var?" diye soruldu. O da dedi ki: "Evet peygamberimizin 'Bile bile bana yalan söz isnat eden kimse, cehennemin iki gözü arasında kendisine yer ayırsın,' şeklindeki hadisini duymadınız mı?" O zaman peygambere; "Ya Resulallah, cehennemin gözleri mi var?" diye sorulmuştu. Peygamberimiz: "Yoksa kendilerini uzaktan gördüğü zaman (cehennemlikler) onun uğultu ve homurtusunu duyarlar, mealindeki ayeti duymadınız mı?" diye cevap vermişti.

Aşağıdaki hadis bu gerçeği teyit eder: "Cehennemden bir boyun çıkar, onun gören iki gözü ve konuşan bir dili vardır; bu gün ben Allah'a başka bir ilâhı ortak koşanlar üzerine musallat edildim, der, o cehennemlikleri susam tanelerini görüp kapan kuştan daha iyi görür."

Mizân'ın nasıl olduğuna gelince; Hadîs-i şerif de bildirildiğine göre onun iyilikler kefesi nurdan ve günahlar kefesi karanlıktandır.

Tirmizî'nin rivayet ettiğine göre şöyle buyuruyor: "Cennet Arş'ın sağında, cehennem de solunda kurulur. Mizân'ın iyilikler kefesi Arş'ın sağında, günahlar kefesiyse solunda bulunur. Böylece cennet iyilikler kefesi karşısına, cehennem de kötülükler kefesi karşısına düşer."

CENNETİN VASIFLARI VE CENNETLİKLERİN DERECELERİ

Bilesin ki keder ve sıkıntılarını daha önceki bölümlerde öğrendiğin şu yurdun (ki bu yurt cehennemdir) karşılığı olarak başka bir yurt vardır. Şimdi de o yurdun nimet ve hazları üzerine düşün. Çünkü bu yurtların birinden uzak kalan, hiç şüphesiz öbürüne yerleşir.

Cehennemin korkunç yönleri üzerinde uzun uzun düşünerek kalbinde korkuyu tercih et, cennetliklere adanan kalıcı nimetler hakkında uzun uzun düşünerek de kalbinde umudu tercih et. Nefsini korku kırbacı ile kamçılayıp umut dizgini ile Sırat-ı Müstakime sür. Böylelikle acı azaptan kurtularak büyük mülke nail olursun.

Şimdi cennetlikleri düşün. Yüzlerinde mutluluk parıldar, tıpası mühürlü bir kaptan cennet suları içerler. Taşı ak inciden yapılmış çadırlarda, kırmızı yakut sedirlerde otururlar, yer yaygıları yeşil ipeklidendir, bal ve şarap akan ırmakların kenarlarına dizilmiş koltuklara kurulurlar, bu ırmak kenarları huriler ve hizmetçilerle dolup taşmış.

Bunlar sanki yakut ve mercandır, daha önce onlara ne insan ne de cin el değmiştir. Cennet makamlarında dolaşırlar, içlerinden biri yürüyüşünde kırıtırsa eteklerini yetmiş bin gılman taşır, giydikleri ak ipek elbiseleri gözleri kamaştırır, başlarında ince ve mercan taçlar vardır, alımlı, ağırbaşlı ve hoş kokuludurlar. İhtiyarlamaları, yıpranmaları söz konusu değildir.

Cennet bahçelerinin ortalarında kurulmuş yakut köşklerin içindeki çadırlarda kalırlar, iri gözleri efendilerinden başkasına kaymaz.

Cennetliklere ve hurilere testiler, ibrikler ve kâselerle içenlerin tadına doyamayacakları ak renkli su ikram edilir, hizmetlerini göz değmemiş inciler gibi hizmetçiler ve gençler yapar. İşlediklerinin mükâfatı olarak emin bir barınağa kavuşmuşlardır, bahçeler ve pınarlar içinde yeşillikler ve akarsular arasındadırlar.

Her şeye kudretli bir melikin katında sadakat koltuğundadırlar. Orada kerem sahibi melikin yüzüne bakarlar. Nimetlerin parlaklığı yüzlerine vurmuştur. Darlık ve sıkıntı nedir bilmezler, tersine Rablerinin çeşit çeşit hediyelerine mazhar olurlar.

Onlar canlarının istediği ile ebediyen baş başadırlar, orada ne korkarlar ve ne de üzülürler, ölüm endişesinden uzaktırlar.

Onlar orada her türlü nimeti tadarlar, oranın yemeklerini yerler, sütlü, ballı, içkili ve arı sulu akarsularından içerler. Oranın zemini gümüş, çakılı mercan, toprağı has misk, bitkisi zaferan, Kâfur kumullarında bitmiş gülsuyu taşıyan bulutlardan yağmur alırlar. Bu su kendilerine çeşit çeşit kaplar ile sunulur. Kaplar inci, yakut ve mercan süslemeli, havalanmamış içki ile karışık tatlı su ile dolu, madeninin sadeliğinden dolayı üzerine düşen ışığı yansıtarak içindeki içkiyi bütün allık ve inceliği ile gösteren, insan elinden benzeri çıkmamış, işleme ve süslemesini insanın başaramayacağı kaplardır.

Bu kaplara cennetliklere, yüz parlaklığı güneş ışığını hatırlatan hizmetçilerin elinden sunulur. Fakat nerede onların tatlı görünüşü, yanak güzelliği ve çene alımlılığı ve nerede güneş ışığı!

Bu sıfatta bir âleme inanan, oraya girenlerin ölümsüzlüğe kavuştuğuna, hiçbir felâketle yüz yüze gelmeyeceğine ve olayların değiştirilmesine maruz olmadığına dair kesin kanaat besleyen bir kimseye şaşılır. Allah'ın yıkımına izin vermiş olduğu bu dünyaya nasıl da ısınır ve onun sunduğu yaşayışla tatmin olur. Allah'a yemin ederim ki Ahirette ölüm, açlık, susuzluk ve diğer gelişmelerin yokluğu yanında vücut sağlığından başka bir şey olmasa sırf bu yüzden ona göre dünyadan soğumak ve dünyayı oraya tercih etmemek lâyık olur. Kaldı ki cennette ne sıkıntı ve ne de keder söz konusudur.

Nasıl söz konusu olabilir ki cennetlikler emniyet içinde birer meliktirler. Sevincin her türlüsünü tadarlar, orada her istedikleri kendilerine verilir, her gün Arş'ın çevresine varırlar ve kerim olan Allah'ın yüzünü görürler. Allah'ın yüzünü görmekle diğer cennet nimetlerine bakarak elde edemedikleri büyük bir nimete nail olurlar ve gözlerini başka tarafa çevirmezler. Onlar devamlı şekilde bu nimetler arasında dolaşırlar ve yok olacaklar diye korkmazlar.

Ebû Hureyre'nin rivayet ettiğine göre, peygamberimiz (s.a.v.) buyuruyor ki: "Cennette şöyle bir ses gelir: Ey cennetlikler! Sizlere öyle bir sıhhat veriyorum ki ondan sonra ebediyen hasta olmayacaksınız. Ölümsüz bir hayat bulacaksınız. Ardında yaşlılık olmayan bir gençliğe ereceksiniz. Arkasından ümitsizlik gelmeyecek bir mutluluğa ulaşacaksınız."

Yüce Allah'ın şu ayeti, bu gerçeği ifade eder: "Cennetliklere; işlediğiniz iyi ameller sayesinde nail olduğunuz cennet işte budur, diye seslenilir." (A'râf Süresi, 43)

Cennetin nasıl olduğunu öğrenmek istiyorsan, Kur'an'ı oku çünkü Allah'ın açıklamasının ötesinde açıklama yoktur. Meselâ Rabbimin huzuruna dikilmekten korkan için iki cennet vardır, ayetinden itibaren Rahman süresini, Vakıa süresi ile diğer ilgili süreleri oku. Eğer cennetin nasıl olduğu hakkında Peygamberimizin verdiği tafsilâtlı bilgileri öğrenmek istiyorsan, ana hatlarının bilgisini edindikten sonra şimdi de iç yönünü tanımaya yönelerek, önce cennetlerin sayısından başla.

Rabbinin huzuruna dikilmekten korkana iki cennet vardır, mealindeki ayet hakkında buyuruyor ki: "İki cennetin bütün kap ve eşyası gümüşten, diğer bir iki cennetin bütün eşyası altındandır. Adn cennetinde cennetlikler Rablerini görürken, onlar ile Allah arasında sadece kibriya perdesi bulunur."

Sonra cennetin kapılarına bak, bunlar ibadetlerin asıllarına göredir. Nitekim cehennemin kapıları da günahların asıllarına göredir.

Ebû Hüreyre'nin rivayet ettiğine göre, peygamberimiz (s.a.v.) buyuruyor: "Kim malından iki birimlik bir sadaka verirse, cennetin bütün kapılarından içeri girmeye çağrılır. Cennetin sekiz kapısı vardır. Namaz ehli olanlar namaz kapısından içeri girmeye çağrılır. Oruç ehli olanlar oruç kapısından içeri girmeye çağrılır. Sadaka ehli olanlar sadaka kapısında içeri girmeye çağrılırlar. Cihat ehli olanlar cihat kapısından içeri girmeye çağrılır."

Bu arada Ebû Bekir (r.a.): "Vallahi bir kimsenin bu kapılardan birinden çağrılma zarureti yoktur. Acaba bir kimse hepsinden aynı anda içeri girmeye çağırılırsa olur mu?" diye sorar. Peygamberimiz ona; "Evet, böyleleri de vardır. Senin de onlardan olmanı dilerim," diye cevap verir.

Asım İbni Zamüre (r.a.) der ki: "Hz. Ali bir gün cehennemden bahsetti, bu konuda şimdi hepsi hatırımda kalmayan çok önemli açıklamalarda bulundu, arkasından sözü cennete getirerek dedi ki: 'Rablerinden korkanlar bölük bölük cennete sevk edilirler. Onun kapılarından birine varınca, kapının yanı başında köklerinin arasından iki ayrı pınar kaynayan bir ağaç görürler. Aldıkları emir uyarınca pınarlardan birine sokulurlar, suyundan içince karınlarındaki pislikler kaybolur.

Arkasından öbür pınara sokularak içinde yıkanınca yüzlerine cennet tazeliği gelir, artık saç renkleri ebediyen değişmez başları yağla yıkanmış gibi hep parlak kalır. Sonra cennete girerler, içeri girerken cennet korucuları onlara, selâm size, ne mutlu size, oraya ebedî kalmak üzere giriniz, derler.

Arkasından cennet çocukları etraflarını sarar, dünyada sevilen birinin ansızın çıkıp gelişi karşısında çocuklar onun etrafını nasıl çevirirse öyle çevirirler, ona, müjdeler olsun! Allah sana şu şu nimet ve dereceleri bağışladı, derler, içlerinden biri o kimsenin cennet hurilerinden olan eşlerinden birine koşarak dünyadaki adı ile falan kişi geldi, diye haber verir. Huri, sen kendin onu gördün mü, diye sorar. Çocuk, tabiî gözümle gördüm, peşimden geliyor, der. Bu haber üzerine huri sevincinden âdeta kuş gibi uçarak kapının eşiğine varır.

Adam makamına varınca yapısına göz atar, yuvarlak inci pareleri üzerinde birer kırmızı, yeşil ve sarı köşkün yükseldiğini görür. Sonra başını kaldırarak çatısına bakar, şimşek gibi göz kamaştırıcı olduğunu görür. Öyle ki Yüce Allah ona güç vermese gözleri karşısındaki manzaraya bakarken kör olurdu. Başını indirince görür ki eşleri, kullanmaya hazır kaplar, sıra sıra dizilmiş yastıklar, yere yayılmış saçaklı halılar, yüksek sedirler hazır duruyor. Sonra sırtını bir yere dayayıp, bizi bu nimetlere yönelten Allah'a hamd olsun, eğer kılavuzumuz o olmasaydı, biz bu duruma kendiliğimizden ulaşamazdık, diye hamd eder. Bu arada kulağına gizli bir ses şöyle seslenir, yaşayın, size ebediyen ölüm yoktur. Oraya yerleşin, hiç göçmeyeceksiniz. Sıhhate kavuşunuz, artık size hastalık gelmeyecektir."

Peygamberimiz (s.a.v.) buyuruyor ki: "Kıyamet günü cennet kapısına varır, kapının açılmasını isterim. Hazin (Cennet kapıcısı): 'Kim o?' der. 'Muhammed' diye cevap veririm. Bunun üzerine bana; 'Senden önce hiç kimseyi içeri almamam emredildi,' der."

Şimdi de cennetin odaları ile bu odalar arasındaki yükseklik farklarını düşün. Çünkü en büyük derecelerle en yüce faziletler Ahirettedir. İnsanlar arasında bariz ibadet farklılıkları ve iyi huy dereceleri kesin bir şekilde var olduğu gibi kavuşacakları mükâfatlar arasında da açık farklılıklar olacaktır.

Eğer en yüksek derecelere ulaşmak istiyorsan, Allah'a ibadet hususunda seni hiç kimsenin geçmemesine çalış, zaten Yüce Allah bu konuda yarışmayı emretmiştir. Yüce Allah (c. c.) buyuruyor ki: "Rabbinizden bir mağfirete ve genişliği yer ile gök arası kadar olan cennete kavuşmak için yarışın."

Yüce Allah (c. c.) buyuruyor ki: "Onun mührü misktir. Yarışçılar bunun için yarışsın."

Şaşırtıcıdır ki yakınlarından veya komşularından biri senden daha çok para sahibi olsa veyahut evi seninkinden daha yüksek olsa sana ağır gelir, canın sıkılır, duyduğun haset yüzünden keyfin bozulur.

Oysa senin hesabına en güzel şey, dünyadaki bütün alımlı şeylerin denk olmayacağını, bağışlar açısından senden ilerde olanların bulunmasına rağmen cennete yerleşmektir.

Ebu Said el-Hudrî'nin rivayet ettiğine göre, şöyle buyuruyor: "Cennetlikler, üst katlarındakileri, aralarındaki derece farklılığı yüzünden, sizin doğudan batıya kadar ufukta dağılmış gördüğünüz yıldızlar gibi görürler."

Sahabeler: "Ya Resulallah! Bunlar başka hiç kimsenin ulaşmayacağı peygamberlerin dereceleri midir?" diye sordular. "Hayır, nefsimi kudret elinde tutan Allah'a yemin ederek söylüyorum ki Allah'a inanan ve peygamberlerine uyan kimseler de bunlara nail olacaklardır."

Yüksek derece sahiplerine aşağıdan bakanlar, sizin gök ufuklarından birinde doğmuş gördüğünüz bir yıldıza baktığınız gibi görürler. Hiçbiri şüphesiz, Ebû Bekr (r.a.) ve Ömer (r.a.) o zümredendir ve o yüce nimete kavuşacaklardır," buyurdu."

Sahabelerden Câbir (r.a.) der ki: " Bize buyurdu ki 'Size cennet köşklerini anlatayım mı?' Ben de ona; 'Evet ya Resulallah, anamız babamız sana feda olsun,' diye cevap verdim. Bunun üzerine şöyle buyurdu: 'Cennette som cevherden köşkler vardır, dışları içlerinden ve içleri dışardan görülebilir. Orada hiç bir gözün görmediği, hiç bir kulağın işitmediği ve hiç kimsenin hayalinden geçmemiş nimetler, tatlar ve sevinçler vardır.'

Bunun üzerine ben; 'Bu köşkler kimler içindir?' diye sordum. Bana şöyle cevap verdi: 'Bu köşkler selâmı yayan, yemek yediren, devamlı oruç tutan ve herkes uyurken namaz kılanlar içindir,' dedi.

Hep birlikte ona; 'Bunları kim yapabilir?' dedik. 'Ümmetim bunları başarabilir. Şimdi size anlatacağım. Kim Müslüman kardeşi ile karşılaşınca ona selâm verirse selâmı yaygınlaştırmış olur. Çoluk çocuğunu doyurasıya yediren yemek yedirmişler zümresine girer. Ramazan ile birlikte her ayda üç gün oruç tutan devamlı oruç tutmuş gibi olur. Yatsı ve sabah namazlarını cemaatle kılanlar, herkes (Yani Yahudiler, Hristiyanlar ve ateşperestler) uykuda iken namaz kılmış olurlar,' buyurdu. 'O, sizin günahlarınızı bağışlayarak altlarından ırmaklar akan cennetlere ve Adn cennetindeki güzel köşklere yerleştirir."

Saf, 12, mealindeki ayet hakkında sorulan bir soruyu şöyle cevaplandırdı: "İnciden köşklerdir, her köşkte kırmızı yakuttan yetmiş daire vardır. Her dairenin yeşil zümrütten yetmiş odası vardır. Her odada yetmiş sedir, her sedirde her renkten yetmiş döşek, her döşekte iri gözlü hurilerden bir eş bulunur. Her odada yetmiş sofra, her sofrada yetmiş türlü yemek vardır ve her odada yetmiş hizmetçi bulunur. Her sabah mümine bunlar yeniden tazelenerek verilir."

CEHENNEM AZABINDAN KURTULMAK

Buhârî'ye göre peygamberimiz sık sık; "Ey Rabbimiz! Bize dünyada ve Ahirette iyilik ver. Bizleri cehennem azabından koru," diye dua ederdi.

Ebû Ya'lâ ya göre peygamberimiz bir gün sahabelere hitap ederken; "İki önemli konu olan cennetle cehennemi hiçbir zaman hatırınızdan çıkarmayınız," buyurdu, bu arada gözlerinden süzülen yaşlar sakalının her iki yanını da ıslattı. Sonra sözlerine şöyle devam etti: "Nefsim kudreti elinde olan Allah'a yemin ederim ki Ahiret ile ilgili olarak benim bildiklerimi bilseniz, toprak üzerinde gezinir ve başınıza toprak serperdiniz."

Taberânî'ye göre bir gün Cebrail, alışılmamış bir zamanda peygamberimize geldi. Peygamberimiz ona; "Niye senin rengini değişik görüyorum?" diye sordu. Cebrail: "Yüce Allah şu sırada cehennem körüklerine işlesinler, diye emir verdi de sana onun için geldim," dedi. Ona; "Ya Cebrail, bana cehennemi anlat," dedi. Bunun üzerine Cebrail şöyle dedi: "Yüce Allah emir verdi de cehennem bin yıl yandı. Sonunda bembeyaz oldu. Arkasından yine ona emir verdi de bin yıl daha yandı. Bu defa kıpkırmızı oldu. Daha sonra ona yine emir verdi de bin yıl daha yandı. Sonunda simsiyah oldu. Şimdi o kapkaradır, ne kıvılcımı ışık verir ve ne de yalazı söner.

Seni, hakkı bildirmek üzere peygamber olarak gönderen Allah'ın adına yemin ederim ki eğer cehennemden iğne burnu girecek kadar bir delik açılsa hararetinin yüksekliğinden dolayı bütün canlılar ölürdü.

Seni, hakkı bildirmek üzere peygamber olarak gönderen Allah'a yemin ederim ki eğer cehennem korucularından biri yeryüzü halkına görünse, yüzünün korkunçluğunun ve bayıltıcı kokusunun tesiri ile hepsi ölürdü.

Seni, hakkı bildirmek üzere peygamber olarak gönderen Allah'a yemin ederim ki Yüce Allah'ın kitabında bahsettiği cehennem zincirlerinin bir halkası yeryüzü dağları üzerine indirilse, dağlar çöker ve bu halka yerin en alt tabakasına inerdi."

Peygamberimiz duyduklarının bu noktasında; "Ya Cebrail, yeter. Yoksa kalbim yuvasından fırlayacak ve öleceğim," dedi.

Bu sırada peygamberimiz Cebrail'in ağlamakta olduğunu gördü. Bunun üzerine ona; "Ya Cebrail, Allah katında bu kadar yüce bir mertebenin sahibi olduğun halde sen de mi ağlıyorsun?" dedi. Cebrail şu cevabı verdi: "Niye ağlamayayım? Asıl benim ağlamam gerekir. Belki de Allah'ın bilgisine göre durumum bu günkünden değişiktir. Bilmiyorum, belki de önceleri meleklerden biri olan şeytanın başına gelen felaket, benim de başıma gelir. Bilmiyorum, belki de Hârut ile Mârut'un başına gelenler, benim başıma gelir." Bunun üzerine Cebrail ile peygamberimiz birlikte ağlamaya başladılar. Nihayet şöyle bir ses geldi: "Ey Cebrail ve Muhammed (s.a.v) Allah sizleri kendisine âsi olmaktan korumuştur."

Bu sesin arkasından Cebrail tekrar göğe yükselir. Peygamberimiz de biraz sonra dışarı çıkınca gülen ve eğlenen bir Ensâr gurubuna rastlar. Onlara şöyle buyurur: "Önünüzde cehennem varken nasıl gülebiliyorsunuz? Benim bildiklerimi bilseniz, az güler çok ağlardınız. Gırtlağınızdan ne bir lokma yemek ve ne de bir yudum su geçerdi. Yüksek dağlara çıkarak Allah'a yalvarırdınız."

Bu sırada şöyle bir ses geldi: "Ya Muhammed! Kullarımı umutsuzluğa düşürme. Ben seni çetin gösterici olarak değil ancak müjdeleyici olarak gösterdim." Bunun üzerine peygamberimiz; "Doğruluktan ayrılmayınız, Allah'a yakın olunuz," buyurdu.

İleri sürüldüğüne göre bir gün peygamberimiz Cebrail'e; "Mikail'i hiç gülerken görmedin mi?" diye sorunca Cebrail de ona; "Mikail cehennem yaratılalı beri hiç gülmedi," diye cevap verdi.

İbni Mâce ve Hâkim'e göre peygamberimiz (s.a.v) şöyle buyuruyor: "Sizin kullandığınız bu ateş, cehennem ateşinin yetmişte bir derecesinde bir yakıcılığa sahiptir. Eğer söndürülmeseydi, ondan yararlanamayacaktınız. Bu ateş, tekrar cehenneme döndürülmesin diye Allah'a dua etmektedir."

Beyhâkî'ye göre Hz. Ömer (r.a.) bir gün; "Derileri her eridiğinde azabı duysunlar diye onlara başka bir deri veririz." Nisa, 56, mealindeki ayeti okuyarak Ka'b İbni Ahbâr'a; "Bu âyeti tefsir et. Eğer doğru söylersen, sözlerini tasdik ederim. Yanlış söylersen sana karşı çıkarım," dedi. Bunun üzerine Kâ'b, âyeti tefsir etmeye girişerek; "Âdemoğlu cehennemde yanarken derisi ya bir saat içinde veya bir gün içinde altı bin kere yeniden yaratılır," dedi. Hz. Ömer: "Doğru söylüyorsun," dedi.

Yine Beyhâkî'ye göre Hasan el-Basrî (r.a.) bu âyeti şöyle tefsir eder: "Cehennemlikleri ateş, her gün yetmiş bin kere yakıp eritir. Her eriyişten sonra onlara eski durumunuza dönünüz, denir ve hemen eskisi gibi oluverirler."

Peygamberimiz (s.a.v.) buyuruyor ki: "Cehennemlikler arasında dünyada en mutlu yaşayanlardan biri getirilir. Cehenneme bir kere konup çıkarıldıktan sonra ona; 'Ey Âdemoğlu, hiç hayır gördün mü? Hiç mutlulukla karşılaştın mı?' diye sorulur. Adam: 'Vallahi, hayır, ya Rabbi,' diye cevap verir.

Buna karşılık dünyada en çok sıkıntı çeken bir cennetlik getirilir. Cennete bir kere konup çıkarıldıktan sonra ona; 'Ya Âdemoğlu, hiç sıkıntı çektiğin oldu mu? Darlıkla hiç karşılaştın mı?' diye sorulur. Adam: 'Vallahi, hayır, ya Rabbi. Ben hiç bir sıkıntı ile karşılaşmadım, hiçbir darlık görmedim,' diye cevap verir."

İbni Mâce'ye göre peygamberimiz (s.a.v.) buyurur ki: "Cehennemliklere ağlama gönderilir. Öyle çok ağlarlar ki sonunda yaşları kurur. Sonra yanaklarında, içine gemi salınsa yüzebilecek derinlikte çukurlar açılıncaya kadar kan ağlarlar."

Ebû Ya'lâ'ya göre peygamberimiz (s.a.v.) buyuruyor ki: "Ey insanlar, ağlayınız. Ağlayamıyorsanız, hiç olmazsa ağlamaklı olunuz. Çünkü cehennemde cehennemlikler yanaklarında kanal gibi yarıklar belirinceye kadar yaş dökerler. Sonunda yaşlar kuruyunca da gözleri irinleşinceye dek kan ağlarlar."

KÜRSİ, ARŞ, MUKARREB MELEKLER, RIZIKLAR VE TEVEKKÜL

Ulu Allah (c. c.) buyuruyor ki: "Allah'ın Kürsî'si gökleri ve yeri kaplar." (Bakara Süresi, 255)

Bazı tefsir âlimlerine göre "Kürsî" Allah'ın ilminden mecazdır. Bazılarına göre onun mülkü kastedilmektedir. Bir kısım âlimlerin yorumuna göre ise burada bildiğimiz gök cisimleri kastedilmektedir.

Hz. Ali 'den (k.v.) rivayet edildiğine göre; "Kürsî" parlak incidendir ve uzunluğunu Allah'tan başka hiç kimse bilmez.

Bir hadiste; "Göklerle yedi kat yer Kürsî ile birlikte sahrada bir halka gibidir," buyurulmuştur.

İbni Mâce'den nakledildiğine göre, peygamberimiz (s.a.v.) şöyle buyuruyor: "Gökler, Kürsî boşluğundadır, Kürsî de Arş'ın önündedir."

İkrime (r.a.)'nın rivayet ettiğine göre şöyle demiştir: "Güneş Kürsî nurunun yetmişte biri kadardır. Arş da perdelerin, yani hicapların yetmişte biri kadardır."

Yine peygamberimizden nakledildiğine göre; "Kürsî'yi taşıyan meleklerle Arş'ı taşıyan melekler arasında yetmiş tane karanlık hicap ve yetmiş tane aydınlık hicap vardır. Her hicap arasında beş yüz yıllık mesafe vardır. Eğer böyle olmasaydı, Kürsî'yi taşıyan melekler, onların nurundan yanarlardı."

Arş, Kürsî'den daha yüksekte tamamen ışıktan ibaret bir cisimdir ve Kürsî'den ayrı bir yapıdadır. Hasan el-Basrî bu görüşe katılmaz. Arş'ın kırmızı yakuttan, yeşil bir cevherden ak inciden ve safi ışıktan olduğunu ileri süren çeşitli görüşler vardır. En doğrusu bu konuda kesin konuşmaktan kaçınmaktır. Felek (astronomi) âlimleri Arş'a, Dokuzuncu Felek, En Üst Felek ve Felekler Feleği Atlas Felek yâni Yıldızsız Felek gibi çeşitli isimler verirler.

Çünkü klâsik heyet âlimlerine göre bütün Felekler Burçlar Feleği adını alan sekizinci Felekte sabittirler.

Şeriat âlimlerine göre Arş ve Kürsî mahlûkatın üst sınırıdır, tavanıdır. Onun dışında hiçbir şey yoktur. Bu sınır, aynı zamanda kulların bilgi hududunu çizmektedir. Bu sınırın ötesini ne idrak etmeye imkân vardır ve ne de bunun ötesine taşan bir araştırmaya girişmek yerindedir.

Ulu Allah (c.c.) şöyle buyuruyor: "Eğer onlar sana yüz çevirirler ise de ki: "Bana kendinden başka ilâh bulunmayan Allah yeter. Ben sırf O'na dayanıyorum. O, ulu Arş'ın Sahibidir." (Tevbe Süresi, 129)

Görüldüğü gibi Allah, Arş'ı ululuk ile sıfatlandırmıştır. Çünkü varlıkların en büyüğüdür.

Öte yandan yukarıdaki ayette emredilen Tevekkülü (sırf Allah'a dayanıp güvenmeyi) peygamberimiz (s.a.v.) hayatında gerçekleştirmiştir. Bu yüzden gerek Tevrat'ta ve gerekse diğer ilâhî kaynaklı kitaplarda Mütevekkil(Tevekkül eden, sırf Allah'a dayanıp güvenen) diye anılmaktadır. Neden? Çünkü tevekkül; Allah'ı tek bilip onu tanımanın tabiî bir neticesidir. Peygamberimiz (s.a.v.) de Allah'ı tek bilenlerin efendisi ve onu tanıyanların (ariflerin) başıdır.

Zaman zaman sanıldığı gibi tevekkül, tedbirlere ve neticeye götüren sebeplere sarılmaya engel değildir. Tersine böyle olmak emredilmiştir. Nitekim bir taşralı Arap peygamberimize (s.a.v.); "Devemi bağlayayım mı yoksa onu Allah'a tevekkül ederek salıvereyim mi?" diye sorar. Peygamberimiz taşralı Arap'a; "Deveni bağla, sonra tevekkül et," diye buyurur.

Peygamberimiz (s.a.v.) şöyle buyuruyor: "Eğer Allah'a tam manası ile tevekkül etseydiniz, O, sabahleyin yola aç çıkarak yuvaya tok dönen kuşların rızkını nasıl veriyorsa sizinkini de öyle verirdi."

Peygamberimiz burada kuşların sabahleyin yola çıktıklarını belirterek, tevekkülün netice sağlayıcı sebeplere yapışmakla birlikte olması gerektiğine işaret buyurmuştur.

Hikâye

İbrahim İbni Edhem ile Şakîk el-Belhî (rahmetullahi aleyh) Mekke'de karşılaşırlar. İbrahim, Şakîk'e; "Seni bu duruma getirmeye sebep ne oldu?" diye sorar. Şakîk şöyle cevap verir: "Günlerden bir gün çöle varmıştım. Kıraç bir yerde yatan, kanatları kırık bir kuş gördüm. Kendi kendime burada oturayım ve bu kuşun rızkının nereden geldiğini gözetleyeyim, dedim. Kuşun karşısında yere çöktüm. O sırada gagası arasında çekirge taşıyan başka bir kuş belirdi, kırık kanatlı kuşun yanına konarak gagası arasındaki çekirgeyi onun gagasına baraktı.

Bu durumu görünce içimden bu kuşu öbürüne vasıta kılan Yüce Allah nerede olursam olayım benim rızkımı da sağlamaya kadirdir, diyerek kazanç peşinden koşmaya son verdim ve kendimi tamamen ibadete adadım."

İbrahim İbni Edhem, ona; "Peki neden sen o kırık kanatlı kuşa yiyecek taşıyan sağlam kuş olup daha yüksek dereceli olmak istemiyorsun? Sen peygamberin yüksek el (verenin eli) alçak elden (alanın elinden) daha hayırlıdır, diye buyurduğunu duymadın mı? Müminin alâmeti, iki dereceli olan her şeyde, daha üstün olan derecenin peşinden koşmaktır. Böylelikle ancak iyilerin menziline ulaşabilir."

Bu cevabı alan Şakîk, İbrahim'in elini tutarak öptü; "Ya Ebu İshak, (İbrahim İbni Edhem'in lâkabı) sen bizim üstadımızsın," dedi.

Fakat insan bir dereceye ulaşmak üzere sebeplere el attığı zaman gözünü bunlara dikip onlara takılmamalı, tersine her zaman bakışlarının hedefi ve emeğinin amacı Allah olmalıdır. Bu hususta, dilenciyi örnek almalı. Bilindiği gibi dilenciler dilenirken bir kap kullanırlar. Fakat kap onun aracı olduğu için dilenirken gözlerini kaba değil, onlara bir şey verecek olan insanlara dikerler.

Peygamberimiz (s.a.v.) buyuruyor ki: "İnsanların en zengini olmak isteyen kimse, Allah'ın katında bulunan varlığa elindeki varlıktan daha çok güvenmelidir."

Uzun müddet İbrahim İbni Edhem'in (r.a.) hizmetinde bulunan Huzeyfe el-Meraşî'ye bir gün; "Onun yanında bulunduğuna göre orada karşılaştığın en şaşırtıcı olay nedir?" diye sorarlar.

Huzeyfe şu cevabı verir: "Mekke'ye giderken yolda günlerce aç kaldık, sonunda Kûfe'ye vardık, yıkık bir camiye sığınmıştık. Bu sırada İbrahim İbni Edhem, yüzüme bakarak bana; 'Ya Huzeyfe, seni acıkmış görüyorum, öyle mi?' diye sordu. Ben de ona; 'Durum şeyhimin gördüğü gibidir,' cevabını verdim.

Bunun üzerine; 'Bana kâğıt, kalem getir,' dedi; istediklerini ona getirdim. Besmelenin arkasından; 'Her durumda hedef sensin, her manada yöneliş sanadır,' diye yazarak şu manzumeyi kâğıda döktü: 'Ben hamd edenim, ben şükredenim, ben zikredenim. Ben açım, ben kayıbım ve ben çıplağım!

Altı durum saydım,
Ben bunların ilk yarısını üzerime almışım.
Ya Rabbi, diğer yarısında da sen kefil ol
Senden başkasını övmek,
Benim için cehennem alevlerine dalmaktır.
O halde zavallı kullarını cehenneme düşmekten koru!'

Manzumeyi bitirince yazılı kâğıt parçasını elime uzattı ve bana; 'Dışarı çık ve sakın Allah'tan başkasına gönül bağlama, bu kâğıt parçasını da ilk karşılaştığın kimseye ver,' dedi.

Dışarı çıktım, ilk karşılaştığım insan katırına binmiş biri idi. Kâğıt parçasını adama uzattım. Adam onu elimden aldı, yazıyı okuyunca ağlamaya başladı: 'Bu yazının sahibi ne yapıyor?' diye sordu. 'Falan camidedir,' diye cevap verdim.

Bunun üzerine adam bana içinde altı yüz dinar bulunan bir kese altın verdi ve geçip gitti. Arkasından birine daha rastlayınca ona; 'Şu katırın sırtında giden adam kim?' diye sordum. Karşımdaki bana; 'O bir Hristiyan'dır' diye cevap verdi.

Dönüp İbrahim'in yanına vardım, olup bitenleri anlattım, bana; 'O keseye sakın dokunma çünkü o adam şimdi gelir,' dedi. Biraz sonra keseyi bana veren Hristiyan, İbrahim'in dediği gibi içeri girdi. İbrahim'in başucunda diz çöktü, onu öpmeye başladı ve arkasından İslam'ı kabul etti."

ALLAH KORKUSU

Peygamberimiz (s. a. v.) buyuruyor ki:

"Yüce Allah (c.c), kanatlarının biri doğuya, öbürü batıya uzanan ve ayakları yedin kat yere inen bir kuş yarattı. Kuşun üzerinde bütün varlıkların sayısı kadar tüy vardır. Ümmetimden kadın erkek herhangi bir kimse bana salât-ü selâm getirdiği zaman Yüce Allah bu kuşa, Arş'ın altında bulunan nurdan bir denize dalmasını emreder. Kuş denize dalıp çıkararak kanatlarını silkeleyince her tüyünden bir damla akar. Yüce Allah akan her damladan, üzerime kıyamete kadar salât-ü selâm getiren kul hesabına istiğfar edecek bir melek yaratır."

Ehl-i Hikmet'ten biri şöyle der:

"Vücudun selâmeti az yemekte, ruhun selâmeti az günah işlemekte ve dinin selâmeti de varlıkların en hayırlısına (Peygambere) salât-ü selâm getirmektedir."

Yüce Allah (c.c.) buyuruyor ki:

"Ey iman edenler! Allah'tan korkunuz ve ona itaat ediniz ve herkes yarını için (Kıyamet günü ne amel işlediğine) baksın (Yani sadaka verin ve Allah'ın emrine uygun ameller işleyin ki kıyamet günü sevabına ulaşınız.) Allah'tan korkunuz çünkü o, (iyilik olsun, kötülük olsun) yaptığınız her hareketten haberdardır." (Haşr Sûresi, 18)

Çünkü kıyamet günü melekler, gökler, yeryüzü, gece, gündüz (iyilik olsun, kötülük olsun) insanoğullarının işlediği her şeye şahitlik edeceklerdir. Hatta vücudun azaları bile insanoğluna karşı şahit tutulacaktır.

Yeryüzü, günah işlemekten sakınarak iyiliğe koşan (zahit) ve mümin kulun lehine şahitlik ederek; "Bu adam üzerimde namaz kıldı, oruç tuttu, hacca gitti, cihat etti," diyecek, günahtan sakınarak iyiliğe koşan mümin kul da bu şahitliğe sevinecektir.

Buna karşılık aynı yeryüzü, kâfir ve günahkârların aleyhinde de şahitlik ederek; "Bu adam üzerimde Allah'a şirk koştu, zina işledi, içki içti, haram yedi," diyecektir. Merhametlilerin en merhametlisi olan Yüce Allah (c.c.) kâfir ve günahkârları inceden inceye sorguya çekerse vay hallerine!

Mümin vücudunun bütün azaları ile Allah'tan korkandır. Nitekim büyük ahlâk ve fıkıh bilgini Ebû'l-Leys es-Semerkandî bu konuda der ki: "Allah korkusunun, yedi alâmeti vardır:

Birinci alâmet dilde belirir; Allah korkusu taşıyan kul dilini yalandan, dedikodudan, koğculuktan, iftiradan ve boş konuşmaktan alıkoyar, bunlar yerine onu zikirle, Kur'an okumakla ve ilmî konuşmalarla meşgul eder.

İkinci alâmet kalpte belirir, Allah korkusu taşıyan kul başkalarına karşı kalbinde düşmanlık, iftira ve kıskançlık barındırmaz. Çünkü kıskançlık iyilikleri mahveder. Nitekim peygamberimiz (s.a.v.) şöyle buyurur: 'Ateş, odunu nasıl yerse (yakarsa) kıskançlık da iyilikleri öyle yer. (Yok eder)'

Bilesin ki kıskançlık, kalp hastalıklarının başkalarından biridir ve bu hastalıklar da ancak ilimle ve iyi ameller işleyerek tedavi edilebilir.

Üçüncü alâmet gözde belirir; Allah korkusu taşıyan kul, haram yiyeceğe, haram içeceğe, haram giyeceğe, haram olan şeye bakmaz. Dünyaya aç ve muhteris gözlerle değil, ibret almak amacı ile bakar. Helâl olmayan şeylerden bakışlarını uzak tutar.

Nitekim Peygamberimiz (s.a.v.) şöyle buyurur: 'Kim gözünü haramla doldurursa Allah da onun gözünü kıyamet günü ateşle doldurur.'

Dördüncü alâmet karında belirir; Allah korkusu taşıyan kul, karnına haram lokma sokmaz çünkü haram lokma yemek ağır günahlardan biridir. Nitekim peygamberimiz (s.a.v.) şöyle buyuruyor: 'İnsanoğlunun karnına haram bir lokma inince, o lokma midesinde kaldığı sürece yerde ve göklerde melekler tekrar tekrar o kimsenin üzerine lanet yağdırırlar. O lokmayı hazmederken öldüğü takdirde varacağı yer cehennemdir.'

Beşinci alâmet, ellerde belirir; Allah korkusu taşıyan kimse, ellerini harama değil, Allah'ın rızasına uygun şeylere doğru uzatır. Nitekim sahabelerden Ka'bu'l-Ahbar'ın (r.a.) şöyle dediği rivayet edilir. 'Yüce Allah, her bir bölümü yetmiş bin gözlü olan ve her bölümü yetmiş bin yakuttan yapılma bir köşk yaratmıştır. Kıyamet günü bu köşke ancak önlerine çıkan haram şeylerden Allah korkusu ile uzak duranlar girebileceklerdir.'

Altıncı alâmet ayaklarda belirir; Allah korkusu taşıyan kimse, günah işlemeye değil, Allah'ın emrine uygun ve O'nun rızasını kazandıracak işlere doğru yürür, âlimlerle ve iyi amel işleyenlerle buluşmak gayesi ile adım atar.

Yedinci alâmet amelde belirir; Allah korkusu taşıyan kimse ibadetini sırf Allah rızası için yapar, riyadan ve münafıklıktan kaçınır, böylelikle Allah'ın haklarında şöyle buyurduğu kimselerden biri olur. 'Rabbinin katında Ahiret, günahlardan korkanlar İçindir.' (Zuhruf Süresi, 35)

Böyleleri için Yüce Allah başka bir ayette şöyle buyurur: 'Günahlardan sakınanlar, hiç şüphesiz, cennetlerde ve pınarlarının başlarındadırlar.' (Zâriyat Süresi, 15)"

Büyük ve fıkıh âlimi Ebu'l-Leys es-Semerkandî (rahimehullah) şöyle der: "Allah'ın yedinci katında semada birtakım melekleri var ki yaratıldıkları andan beri secdededirler. Vücutları Allah korkusu ile devamlı titrer haldedir. Kıyamet günü başlarını secdeden kaldırarak; 'Ey noksanlıkların her türlüsünden beri olan Allah'ımız! Sana lâyık olduğun derecede ibadet edebilmiş değiliz.' diyeceklerdir."

Kur'an-ı Kerim'in şu ayeti, onların bu hallerine işaret eder: "Üstlerindeki Rablerinden korkarlar ve emir olunanı yaparlar (Göz açıp kapayıncaya kadar bile Allah'ın emrinin dışına çıkmazlar.)." (Nahl Süresi, 50)

Peygamberimiz (s. a. v.) şöyle buyurur: "Kulun vücudu, Allah korkusu ile ürperdiği zaman, yaprakları dökülen ağaç gibi günahlarından sıyrılır."

Hikâye

Adamın biri bir kadına tutulur. Günün birinde kadın bir iş için yolculuğa çıkar. Adam da peşine takılır. Kafilenin mola verdiği bir sırada yol arkadaşlarının uykuya dalmalarını fırsat bilerek kadınla baş başa kalmayı başaran âşık ona sırrını açar.

Kadın adama; "Bak bakalım herkes uyuyor mu?" der. Bu sözü, karşı tarafın arzusuna ram olmak üzere olduğu şeklinde yorumlayarak sevince kapılan âşık derhal yerinden fırlayarak kafilenin etrafından bir tur atar. Herkesin mışıl mışıl uyuduğunu görür. Kadının yanına dönerek; "Evet, herkes uyuyor," der. Bunun üzerine kadın adama; "Acaba Allah hakkında ne dersin, o da uyuyor mu?" diye sorar. Adam: "Allah uyumaz. Onu hiçbir zaman ne uyku ne de uyuklama hali almaz," diye karşılık verir. O zaman kadın der ki: "İnsanlar bizi görmüyorsa da şu anda uykuda olmayan ve hiçbir zaman uyumayan Allah bizi görüyor. Buna göre asıl ondan korkmalıyız!"

Kadının bu sözleri üzerine adam Allah'tan korkarak tuttuğu kötü yoldan vaz geçer de kadının yanından ayrılır, evine döner.

Öldüğü zaman bir tanıdığı onu rüyasında görür. "Allah sana nasıl muamele etti?" diye sorar. Adam: "Kendisinden korkarak o günahı işlemediğim için Allah beni affetti," diye cevap verir.

Hikâye

Zamanın birinde İsrailoğullarından biri kendini ibadete vermişti. Çoluk çocuk sahibiydi. Günün birinde ailece aç kalırlar. Tamamen çaresiz kaldığı için yiyecek bir şeyler bulup getirsin diye karısını dışarıya gönderir.

Kadın bir tüccarın evine varır, çoluk çocuğuna yedirecek bir şeyler ister. Tüccar, kadına; "Olur, fakat önce bana kendini teslim et," diye teklif eder. Kadın hiçbir cevap vermeden çıkar, evine döner. Yavrularını; "Anneciğim! Açlıktan öleceğiz, bize yiyecek bir şey ver," diye feryat eder durumda bulur.

Geri çıkarak tekrar tüccarın yanına varır, yavrularının acıklı durumunu anlatır. Tüccar: "İstediğim olacak mı?" diye sorar. Kadın: "Evet" der. İkisi baş başa kalınca kadının eklem yerleri öylesine titremeye başlar ki azaları yerlerinden çıkacak gibi olur.

Tüccar: "Ne oluyor sana?" diye sorar.

Kadın: "Allah'tan korkuyorum," diye cevap verir.

Aldığı cevap üzerine kendine gelen adam; "Sen şu sıkışık durumuna rağmen bu günahtan dolayı Allah'tan korkuyorsun, oysa asıl benim korkmam gerekir," diyerek yapacağı işten vazgeçer. İstediklerini vererek kadını gönderir. Kadın kucağındaki yiyecekler ile yavrularına döner. Çocukların sevinci sonsuzdur.

Bu sırada Yüce Allah'tan tüccar hakkında Hz. Musa'ya (a.s.) vahiy gelir. Allah: "Falan oğlu filana bütün günahlarını affettiğimi söyle," diye bildirir.

Bunun üzerine Hz. Musa (a.s.) tüccarı bulur, ona; "Mutlaka Allah ile aranızda sır kalan bir hayır işlemiş olmalısın," der. O zaman tüccar kendisine yoksul kadınla arasında geçenleri anlatır. Hz. Musa (a. s.): "İşte bu yüzden Allah, geçmiş bütün günahlarını bağışladı," diyerek tüccara müjdeyi verir.

Rivayete göre peygamberimiz (s.a.v.) şöyle buyurmuştur: "Yüce Allah şöyle buyurur: Şu iki korkuyu iki gün aynı kulumda bir araya getirmem. Dünyada benden korkanın Ahiretini emin kılarım. Buna karşılık dünyada iken benim korkumu yüreğinde taşımayanları kıyamet günü korkuya düşürürüm."

Yüce Allah (c. c.) buyuruyor ki: "İnsanlardan değil, benden korkunuz." (Maide Süresi, 44) "Eğer müminseniz, onlardan değil, benden korkunuz." (Ali-İmrân Süresi, 175)

Hz. Ömer (r.a.) Kur'an'dan bir ayet dinlediği zaman yere baygın düşerdi. Bir eline bir saman çöpü alarak şöyle der: "Keşke ben de bir saman çöpü olsaydım, adı anılmaya değer bir şey olmasaydım. Keşke anam beni doğurmamış olsaydı."

O çok ağlardı, hüngür hüngür yaş dökerdi. Bu yüzden yanaklarından süzülen yaşların bıraktığı iki siyah iz her zaman yüzde görülürdü.

Peygamberimiz (s.a.v.) buyuruyor ki: "Sağılan süt memeye geri dönmedikçe Allah korkusu ile ağlayan kimse de cehenneme girmez."

Rivayet edilir ki kıyamet günü bir kul Allah katına çıkarılacak ve günahların ağır bastığı görülerek cehenneme atılması emredilecektir. Bu sırada kirpiklerinden bir tel dile gelerek şöyle diyecektir. Ey Rabbim! Senin Resul'ün Muhammed; "Kim Allah korkusu ile ağlarsa Allah onun yaş döken gözlerini cehennemden saklar."

Bunun üzerine dünyada Allah korkusu ile ağlayan bir kirpik teli sayesinde adam affedilecektir. Cebrail (a.s.): "Falan oğlu falan bir tel kirpik sayesinde kurtuldu," diyerek bu durumu ilân edecektir.

Rivayet edilir ki kıyamet günü cehennem ortaya çıkınca öylesine kükreyecek ki bütün ümmetler dehşetinden dizüstü kapanacaklardır. Nitekim Yüce Allah (c.c.) buyuruyor ki: "Ve sen her ümmeti dizüstü çökmüş (ne olacağını endişe ile bekler) görürsün. Her ümmet amel defterini almaya çağırılır." (Câsiye Süresi, 28)

İnsanlar cehenneme yaklaştırdıklarında onun öfke ve kükreyişini duyacaklar, bu kükreyiş beş yüz yıllık mesafeden duyulacaktır.

O zaman peygamberler dâhil herkes kendi derdine düşerek; "Ben ne olacağım, ben ne olacağım?" diyecektir. Yalnız peygamberlerin yücesi olan Hz. Muhammed (s.a.v.) müstesna, o; "Ümmetim ne olacak, ümmetim ne olacak?" diyecektir.

O sırada cehennemden dağlar gibi bir ateş kütlesi çıkacaktır. Peygamberimizin (s.a.v.) ümmeti: "Ey ateş kütlesi! Namaz kılanlar, doğruluktan ayrılmayanlar, Allah'tan korkanlar ve oruç tutanlar hakkı için geri döner misin?" diye yalvararak ateşi geldiği yere göndermeye çalışacaklar fakat ateş geri dönmeyecektir.

Bu sırada Cebrail'in (a.s.); "Ateş kütlesi Muhammed'in ümmeti üzerine yöneldi," diye seslendiği duyulacaktır. Bunun üzerine Cebrail, bir bardak su getirerek peygamberimize uzatacak ve "Ey Allah'ın Resulü! Bunu al, ateşin üzerine at," diyecektir. Peygamberimiz (s.a.v.) Cebrail'den aldığı bardağı ateşin üzerine boşaltır boşaltmaz ateş sönecektir.

Peygamberimiz (s.a.v.): "Bu su nedir?" diye soracak ve Cebrail'den (a.s.) şu cevabı alacaktır: "Bu senin ümmetinin, Allah korkusu ile ağlayan günahkârlarının gözyaşıdır. Şimdi ateşin üzerine serpip onu (Allah'ın izne ile) söndüresin diye sana getirme emri aldım."

Peygamberimiz (s.a.v.) şöyle dua ederdi: "Allah'ım! Bana senin korkun ile ağlayan iki göz bağışla." Gözyaşı dökmek konusunda şu beyit ne kadar düşündürücüdür: Ey gözlerim, günahıma ağlar mısınız? Ömrüm ellerimden uçtu, gitti de farkında olmadım.

Peygamberimizin (s.a.v.) şöyle buyurduğu bildiriliyor: "Hiç bir mümin düşünülemez ki Allah korkusu ile gözünden sinek başı kadar yaş çıksın ve elmacık kemiğine kadar insin de o kula cehennem ateşi değsin."

Hikâye

Anlatıldığına göre Muhammed İbni Münzir (Rahmetullahi aleyh) ağladığı zaman gözyaşları ile yüzünü, sakalını ovar; "Duyduğuma göre gözyaşı değen yere cehennem ateşi değmez," derdi.

Mümin Allah'ın gazabından korkmalı ve kendini nefsin azgın arzularına uymaktan sakındırmalıdır. Nitekim Allah (c.c.) şöyle buyuruyor: "Nefsinin azgın arzularına uyan ve dünya hayatını (Ahirete) tercih edenlerin varacağı yer cehennemdir. Rabbinin makamından ve nefsini azgın arzulardan alıkoyanların varacağı yer ise cennettir." (Nâziât Sûresi, 37-41)

Allah'ın gazabından kurtularak sevap ve rahmetine nail olmak isteyenler, sıkıntılara sabırla katlanmalı, Allah'ın buyruklarına uymakta ısrar etmeli ve günahlardan sakınmalıdırlar.

Cennetlikler cennete girdikleri zaman melekler onları türlü türlü hayır ve nimetlerle karşılarlar, onlar için sedirler kurularak döşenir. Kendilerine çeşit çeşit yemek ve meyveler ikram edilir. Bu nimetlere rağmen üzerlerinde bir durgunluk fark edilir, bir şeyler bekledikleri görülür.

O zaman Yüce Allah: "Ey Kullarım! Burası durgun ve bekleyiş içinde olunacak bir yer olmadığı halde sizdeki bu durgunluk ve bekleme hali nedir?" diye buyurur. Cennetlikler: "Bize yapılmış bir vaat vardı, şimdi zamanı geldi," diye cevap verirler." Bu cevap üzerine Allah (c.c.) meleklere; "Perdeleri yüzlerinden kaldırın," diye emir buyurur. Melekler: "Ey Rabbimiz! Bunlar seni nasıl görebilirler? Dünyada günah işlemişlerdi." derler. Meleklerin bu sözlerine karşılık Yüce Allah emrini tekrar ederek şöyle buyurur: "Perdeleri kaldırın, onlar dünyada iken bana kavuşmak arzusu ile zikretmişler, secde etmişler ve gözyaşı dökmüşlerdir."

Perdeler kaldırılır ve bakarlar, ansızın Allah katında secdeye kapanırlar. O zaman Allah onlar; "Kaldırın başınızı, zira burası amel yeri değil, bağış ve mükâfat yeridir," diye buyurur. Başlarını kaldırınca keyfiyet ölçüleri dışında onlara cemalini gösterir.

Arkasından sevinçlerini zirveye çıkarmak üzere onlara şöyle seslenir: "Ey kullarım, selâm üzerinize olsun! Ben sizden hoşnudum, siz de benden hoşnut oldunuz mu?" Cennetlikler şöyle karşılık verirler: "Ey Rabbimiz! Nasıl hoşnut olmayalım ki sen bize hiçbir gözün görmediği, hiçbir kulağın işitmediği ve hiçbir insanın hayalinde canlandırmadığı nimetler verdin."

Bu konuda Yüce Allah (c. c.) şöyle buyurur: "Allah onlardan hoşnut oldu, onlar da Allah'tan hoşnut oldular." (Beyyine Süresi, 8)

"Rahim olan Rab'dan selâm vardır (onlara.)" (Yasin Süresi, 53)

SABIR VE HASTALIK

Allah'ın azabından kurtulmak, onun sevap ve rahmetine nail olarak cennetine girmek isteyenler, nefislerini dünyaya ait azgın arzulara kapılmaktan alıkoymalı, hayatın sıkıntısı ve musibetlerine karşı sabırla katlanmalıdırlar.

Nitekim Yüce Allah (c.c): "Allah sabredenleri sever," buyuruyor.

Sabır birkaç türlüdür. Allah'ın emirlerine uymakta sabretmek (sebat), Allah'ın yasaklarından uzak durmada sabretmek (direnmek), musibete bilhassa ilk şok anının sarsıntısına karşı sabretmek (katlanmak) ...

Allah'ın buyruklarına uymakta (itaatte) sabır gösterenlere Allah, kıyamet günü cennette, her biri yerle gök arası kadar olan üç yüz derece verecektir. Allah'ın yasaklarından uzak durmada sabır gösterenlere Allah, kıyamet günü, her biri yedinci yerle yedinci gök arası kadar olan altı yüz derece verecektir. Allah'tan gelen musibetlere sabırla katlananlara Allah, kıyamet günü her biri Arş ile yeryüzü arası kadar olan yedi yüz derece verecektir.

Hikâye

Anlatıldığına göre Zekeriyya (a.s.) bir gün Yahudilerden kaçar, onlar da ardına düşerler. İz sürücüler kendisine yaklaşınca kalın dallı bir ağaç görür. "Ey ağaç yarıl da beni içine al," diye yalvarır. Bu sırada açılan ağaç Hz. Zekeriyya'yı gövdesine aldıktan sonra tekrar kapanır.

Derken İblis ortaya çıkar, iz sürücülerini iri gövdeli ağacın yanına getirir, bir testere ile ağacı keserek Hz.

Zekeriyya'nın ölmesini sağlamalarını söyler. Onlar da İblisin dediği gibi yaparlar. Hz. Zekeriyya (a.s.) Allah'a değil, ağaca sığındığı için bu yanlış tutum, helâkına yol açar ve testereyle ikiye bölünür.

Nitekim peygamberimizden (s.a.v.) gelen bir rivayette Yüce Allah (c.c.) şöyle buyurur: "Başına bir belâ geldiği zaman bana sığınan kulun, daha o hiçbir istekte bulunmadan, dileğini yerine getirir ve daha yalvarmadan duasını kabul ederim. Buna karşılık başına bir bela geldiği zaman bana değil de varlıklardan birine sığınan kulun yüzüne bütün gökyüzü kapılarını kilitlerim," demiştir.

(Hikâyeye devam edelim) Testerenin dişleri beynine geçince Hz. Zekeriyya (a.s.) feryadı koparır. Bunun üzerine kendisine şöyle seslenilir: "Ey Zekeriyya! Allah sana şöyle buyuruyor: 'Niye belâya sabretmiyorsun da ah diyorsun. Eğer bu sözü ikinci sefer tekrar edersen adını peygamberler defterinden silerim.'

Bu ağır ihtar üzerine Hz. Zekeriyya ağzından hiçbir feryat ifadesi kaçmasın diye dudaklarını ısırır, iki parçaya biçilinceye kadar sabreder.

Aklı başında olan kimse şikâyetçi olmaksızın başına gelen belâya sabretmeli, dünya ve Ahiret azabından kurtulmalıdır. Zira belâların (imtihanların) en çetini ile peygamberler ve veliler karşılaşır.

Cüneyd-i Bağdadî (Rahimehullahu Aleyh) der ki: "Belâ, ariflerin kandili, müritlerin uyarıcısı, müminlerin silahı ve gafillerin helak olma sebebidir. Başına belâ gelip de hoşnutluk ve sabır göstermedikçe hiç kimse imanın tadına varamaz."

Nitekim peygamberimiz (s.a.v.) buyuruyor ki: "Bir gece hastalanıp da Allah'tan gelen acıya gönül hoşnutluğu ile katlanan kimse, anasından doğduğu gün gibi günahlardan arınır. O halde hasta olduğunuz zaman iyileşmeyi temenni etmeyiniz."

Dahhâk der ki: "Her kırk gecede bir başına ya bir belâ ya bir keder veya bir musibet gelmeyen kimsenin hesabına Allah katında hiçbir hayır yazılmaz."

Muâz İbni Cebel (c.a.) der ki: "Allah bir kulun başına bir hastalık verince sol yanındaki meleğe; "Çek ondan kalemi", sağ yanındaki meleğe de; "Bu kulumun hesabına yapageldiği amellerin en iyilerini yaz," diye talimat verir.

Peygamberimiz (s.a.v.) şöyle buyuruyor: "Bir kul hastalanınca Allah ona iki melek göndererek; 'Bakın bakalım, kulum ne diyor?' diye talimat verir.

Eğer hasta; 'Elhamdülillah' derse bu sözü melekler tarafından Allah'a ulaştırılır. (O zaten bilir ya!) O zaman Allah buyurur ki: 'Bu kulumun eğer canını alırsam onu kesinlikle cennete yerleştireceğim ve ona şifa verirsem etini daha semiz etlerle, kanını daha daha yarayışlı bir kanla değiştireceğim gibi günahlarını da muhakkak sileceğim."

Hikâye

İsrailoğulları arasında bir fâsık vardı, fâsıklıktan bir türlü vazgeçemiyordu; günün birinde beldesinin halkı ondan iyice bıktı, koyulduğu kötü yoldan onu vazgeçirmekten ümitleri kesilince ondan kurtulmak için Allah'a yalvardılar.

Allah (c.c.) Hz. Musa'ya (a.s.) vahyetti ki; "İsrailoğulları arasında fâsık bir delikanlı var, onu beldelerinden sür ki onun kötülüğü yüzünden üzerlerine ateş yağmasın."

Hz. Musa da o beldeye vararak delikanlıyı sürdü. Delikanlı beldesinden çıkarak bir köye sığındı. Bunun üzerine Allah'tan o köyden de onu kovma emrini alan Hz. Musa, delikanlıyı yeni yurdundan da çıkardı.

İkinci sefer sürgüne çıkan delikanlı bu defa insansız, bitkisiz, vahşi hayvanların bile bulunmadığı, kuş uçmaz, kervan geçmez bir yerde bir mağaraya sığındı. Bu ıssız mağarada yapayalnız kalan delikanlı çok geçmeden hastalandı, yanında bakacak hiç kimsesi yoktu.

Toprağın üzerine yığıldı, başını da yere koydu. Bu acıklı durumda dudaklarından şöyle mırıldandı:

"Annem başucumda olsaydı, halime acır ve zilletime ağlardı. Babam yanımda olsa yardımıma koşar, başımın çaresine bakardı. Karım burada olsa ayrılığımız acısına ağlardı... Çocuklarım yanımda olsalar, cenazemin arkasından gözyaşı döker; "Allah'ımız! Garip, zavallı, günahkâr, beldesinde yabancı bir köye sürülmüş, orada da barındırılmayarak ıssız bir mağaraya kovulmuş ve ıssız mağarada da dünyadan ayrılarak ümitsiz bir Ahiret yolculuğuna çıkmak üzere olan babamızı sen af eyle," diye dua ederlerdi.

"Allah'ım! Beni ana babamdan, evlâdımdan, karımdan ayrı düşürdün fakat rahmetinden mahrum etme. Onların acısı ile kalbimi yaktın, fakat günahıma karşılık beni ateşinde yakma."

Delikanlının bu acıklı yalvarmaları üzerine Allah, delikanlıya anası ve karısı kılığında birer huri, çocuklarının kılığına girmiş genç melekler ve babası kılığında da bir melek gönderdi. Gelen huri ve melekler yanı başına oturarak üzerine ağladılar. Delikanlı da; "İşte ana, babam, karım ve çocuklarım, sonunda bana gelmişler!" diyerek, ölçüsüz bir sevince boğuldu, gönlü feraha kavuşarak günahtan arınmış ve affa uğramış bir halde Allah'ın rahmetine kavuştu.

Bunun üzerine Allah (c.c.) Hz. Musa'ya (a.s.) bildirdi ki: "Filan yerdeki falan kuytu mağaraya git, orada velilerimden bir veli öldü, yanına var, ona karşı yapılacak görevleri bizzat yürüterek cenazesini defnet."

Allah'ın bu talimatına uyan Hz. Musa (a.s.) kuytu mağaraya varınca Allah'ın emri ile önce kendi beldesinden ve sonra sürgün olarak yaşadığı köyden kovduğu delikanlının ölüsü ile karşı karşıya olduğunu ve cenazenin çevresini melekler ile hurilerin tuttuğunu görür.

O zaman Hz. Musa (a.s.) Allah'a; "Allah'ım! Bu ölü, senin emrin uyarınca beldesinden ve sürgün yerinden kovduğum delikanlı değil mi?" diye sorar.

Yüce Allah Hz. Musa'ya cevap verir: "Evet ya Musa fakat sonra ben onu rahmetimin şemsiyesi altına alarak affettim. Çünkü toprak üzerinde uzanmış, yatarken bana yakardı. Memleket, ana baba, eş ve çocuk hasretine katlandı. Ona son nefesinde gurbetteki acıklı durumun elemine katılsınlar diye anası ve eşi kılığında birer huri, babası ve çocukları kılığında melekler gönderdim. Bilirsin ki bir garip öldüğü zaman yer ve gök ehlinin hepsi onun için yas tutarlar. Ben merhametlilerin en merhametlisi iken ona nasıl acımazdım."

Garip bir kimse komaya girdiği zaman Allah meleklerine buyurur ki: "Ey meleklerim! Bu adam gariptir, yolcudur, çoluk çocuğundan, eşinden, ana babasından ayrı düştü. Ölünce arkasından ağlayacak, yasını tutacak hiç kimsesi yoktur."

Arkasından Allah, meleklerden birini babası kılığına, bir diğerini çocuğu kılığına, bir diğerini yakın akrabası kılığına koyar.

Bunlar son nefesinde yanına varırlar. Garip hasta gözlerini açar. Ana babasını, eşini görür rahatlar, ruhunu huzur ve sevinç içinde teslim eder.

Daha sonra cenazesi yola çıkarıldığı zaman, melekler onu uğurlar ve mezarı başında kıyamet gününe kadar dua ederler. İşte Yüce Allah'ın (c.c); "Allah kullarına karşı lütuf sahibidir," ayet-i celilesinin tecellilerinden biri de budur.

İbni Ata (Rahmetullahu aleyh) der ki: "Kulun gerçek mümin olup olmadığı belâ ve ferahlıkla karşılaştığı anlarda belli olur. Ferahlık günlerinde şükredip belâ günlerinde sızlanan kimse, (kulluk ve müminlik iddiasında) yalancıdır. Eğer bir kimse bütün insanların ve cinlerin bilgisini nefsinde toplamış olsa da üzerine doğru belâ rüzgârı estiği zaman başına gelenlerden ötürü açıktan açığa şikâyet ederse, ilminin ve amelinin ona hiçbir faydası yoktur."

Nitekim bir Hadis-i Kudsî'de şöyle buyurulur: "Benim takdirime razı olmayanlar ve benim verdiğime şükretmeyenler benden başka bir Rab arasınlar."

Vehb İbni Munebbih (rahimehullah)'in anlattığına göre peygamberlerden biri elli yıl Allah'a ibadet etmiş. Allah da ona; "Seni affettim," diye bildirmiş. Peygamber de bu bildiriye karşı; "Allah'ım hiçbir günah işlemedim ki neyimi affediyorsun?" demiş. Bunun üzerine Allah, boyun damarlarından birine hızla atmasını emretmiş. Peygamber o gece uyuyamamış. Gün ağardığı zaman sabah meleği yanına gelince boyun damarının hızlı atışından ötürü çektiği rahatsızlıktan ona yakınmış. O zaman melek ona şöyle demiş: "Allah'ın sana diyor ki elli senelik ibadetinin sevabı boyun damarından şikâyet etmenin günahını bile karşılayamaz."

RİYAZET VE NEFSİ ŞEHVET

Yüce Allah (c. c.) Hazreti Musa'ya (a. s.) bildirdi ki: "Ey Musa! Eğer benim sana sözünün diline, içinden geçenlerle ruhunun bedenine, görme gücünün gözüne ve işitme gücünün kulağına olan yakınlığından daha yakın olmamı istiyorsan Muhammed (s. a. v.) 'e çok salât-ü selâm getir."

Nitekim Yüce Allah (c. c.) şöyle buyurur: "Herkes yarın ne gönderdiğine (Kıyamet günü için ne işlediğine) baksın." (Haşr Süresi, 18)

Ey insan! Bilmelisin ki kötülüğü ısrarla emreden nefis, sana İblis'den daha düşmandır. Şeytan ancak nefsin hevâ ve azgın istekleri yolu ile senin üzerinde baskı kurabilir. Nefsin seni aşırı emellerle ve dayanaksız kuruntularla aldatmasın. Çünkü gamsızlık, gaflet, vurdumduymazlık, rehavet düşkünlüğü, tembellik ve miskinlik nefsin karakteristik özelliklerindendir. Her zaman yanlış hedefleri ileri sürer, onun her şeyi kof ve dayanaksızdır. Ondan hoşnut olup dediğine uyarsan mahvolursun, onu bir an kontrol ve hesabından kaçırırsan batarsın, ona karşı gelmeyi başaramayıp arzularına boyun eğersen seni cehenneme götürür. Hayra yöneltilemez, belâların başı, rezilliklerin kaynağı, şeytanın hazinesi, her türlü kötülüğün sığınağıdır. Onu ancak yaratıcısı bilir. Allah (c. c.) şöyle buyurur: "Allah'tan korkunuz. Çünkü o, (iyi-kötü) yaptığınız her şeyden haberdardır." (Haşr Süresi, 18)

Kul, Ahiret hazırlığı yolunda kullanıp kullanmadığı nokta-i nazarından ömrünün geride kalan kısmını değerlendirirse, bu düşünme ameliyesi kalp hesabına bir temizleme fırsatı olur.

Nitekim peygamberimiz (s.a.v.) buyuruyor ki: "Bir saat düşünmek, bir yıllık (nafile ve cahilane olarak yapılan) ibadetten daha hayırlıdır."(Ebu'l-Leys'in Tefsirinde böyle beyan edilmiştir.)

Aklı başında olanın geçmiş günahlarına tövbe etmesi, Ahirette kendisini kurtarıp saadete ulaştıracak şeyler üzerine düşünmesi, aşırı emelleri gemlemesi, zaman geçirmeden tövbe etmesi, Allah'ı zikretmesi, yasaklardan kaçınması, nefsine karşı direnmesi ve onun azgın arzularına boyun eğmemesi gerekir.

Nefis bir puttur, nefsine boyun eğen puta tapmış olur. Allah'a ihlâsla kul olanlar, sırf ona kulluk etmeyi başaran ve nefislerini yenen kimselerdir.

Rivayet edilir ki, Malik İbni Dinar (rahimehullah) bir gün Basra çarşısında gezinirken gözü incire takılır, canı çeker. Yanında parası olmadığı için ayağındaki terliği çıkararak bakkala verir, karşılığında incir vermesini teklif eder. Terliği gözden geçiren bakkal: "Bu hiçbir şey etmez," der. Malik de geçer, gider.

Bakkala; "Bu adamı tanıyor musun?" diye sorarlar. Bakkal: "Hayır" der. Ona; "Bu adam Malik İbni Dinar'dır." derler. Bunun üzerine bakkal bir tabağa incir doldurarak kölesinin başı üzerine yerleştirir; "Şu ilerde yürüyen adam bu tabağı senin elinden almayı kabul ederse seni azat edeceğim," der.

"Köle Malik'in peşinden koşar, ona; "Bu incir dolu tabağı benim elimden almayı kabul buyur," der. Malik reddeder. Bunun üzerine köle; "Kabul etmen benim azat edilmemi sağlayacaktır," der. Malik köleye; "Senin azat edilmeni sağlayacak ama benim de azaba çarpılmamın sebebi olacak," der. Kölenin daha da ısrar etmesi üzerine Malik ona; "İncir karşılığında dinimi satmamaya ve kıyamet gününe kadar incir yememeye yemin ettim," diye karşılık verir.

Yine anlatıldığına göre Malik İbni Dinar (rahimehullah) ölümü ile nihayetlenen son hastalığı sırasında canı, içine sıcak çörek doğranmış bir bardak bal karışımı süt ister, hizmetçi istediğini bulup getirir. Malik ballı sütü eline alır, bir müddet ona bakar; "Ey Nefis! Otuz sene sabrettin, şimdi bir saatlik ömrün kaldı," diyerek bardağı yere atar. Böylece nefsinin isteğine karşı direnerek can verir. İşte peygamberlerin, velilerin, doğruların, hak âşıklarının ve dünyaya aklanmayanların hali budur.

Süleyman ibni Dâvûd (a.s.): "Nefsine hâkim olan kimse, tek başına bir şehir fetheden bir komutandan daha kahramandır," der.

Hz. Ali (k.v.) der ki: "Nefsimle ben, koyun sürüsü ile çobana benzeriz. Çoban sürüyü hangi taraftan birleştirirse diğer taraftan dağılır. Nefsini öldüren kimse rahmet kefenine sarılarak şeref ve mükâfat toprağına gömülür. Bunun tersine kalbini öldüren kimse lanet kefenine sarılarak azap toprağına gömülür."

Yahya İbni Muaz Er-Razi (rahimehullah) der ki: "Allah'ın emirlerine uyarak ve nefsinin azgın arzularına karşı koyarak nefsinle cihat eyle."

Riyazet, az uyumak, az konuşmak, canlıları incitmemek ve az yemektir. Çünkü az uyku, irade kararlılığı sağlar, az konuşmak birçok belâları önler, canlıları incitmemek, insanın amacına ulaşmasını kolaylaştırır, az uyku nefsin azgın arzularını öldürür.

Çok yemek kalbi katılaştırır, nurunu giderir. Hikmetin nuru açlıkla bağdaşır. Oburluk Yüce Allah'tan uzaklaştırır.

Nitekim peygamberimiz (s.a.v.) şöyle buyuruyor: "Kalplerinizi açlıkla aydınlatınız. Açlık ve susuzlukla nefsinizin azgın isteklerine karşı koyunuz. Yine açlıkla cennetin kapısını ısrarla çalınız. Bunun mükâfatı, Allah yolunda cihat edenin mükâfatına denktir. Allah katında açlık ve susuzluk çekmekten daha sevimli bir ibadet yoktur. Karnını tıka basa doldurarak ibadet lezzetini kaybeden kimse, göklerdeki melekût âlemine giremez."

Hz. Ebubekir (r.a.) şöyle buyurur: "Allah'a ibadet etmenin tadına varayım diye Müslüman olduğumdan beri doyasıya yemedim. Allah'a kavuşmak şevki ile kanasıya içmedim. Çünkü çok yemek, az ibadete sebep olur. İnsan çok yiyince vücudu ağırlaşır, gözkapaklarına ağırlık çöker, azaları gevşer. Böyle bir kimsenin elinden, kendini ne kadar zorlarsa zorlasın, uykudan başka bir şey gelmez, çöplüğe atılmış bir leş gibi olur." Minhacül-Abidin de böyle demiştir.

Lokmanı Hâkim oğluna şöyle demiştir: "Oğlum! Uykuda ve yemekte ölçüyü kaçırma. Çünkü çok yiyip çok uyuyanlar; kıyamet gününe, salih amel yönünden eli boş varırlar."

Peygamberimiz (s.a.v.) buyuruyor ki: "Çok yiyip içerek kalbi öldürmeyin. Çünkü çok sulanmış bitkinin kuruması gibi oburluk da kalbi öldürür."

Salihlerden biri mideyi, kalbin altında kaynayan ve buharı kalbi saran bir kazana benzetir, buharın çokluğu kalbi lekeler, hatta karartır.

Oburluk, anlayış ve bilgi azlığına yol açar. Mide şişkinliği, zekâ keskinliğini giderir.

Anlatıldığına göre bir gün Yahya İbn-i Zekeriyya (a.s.) şeytan ile karşılaşır. İblisin kucağında bir ton yular vardır. Hz. Yahya ona; "Bunlar nedir?" diye sorar. Şeytan: "Bunlar insanoğullarını avlamama yarayan azgın nefsi arzulardır," diye cevap verir. Hz Yahya: "Aralarında bana ait bir şey var mı?" diye sorar. Şeytan: "Hayır yok, sen bir gece yemeği fazla kaçırmıştın da seni namazdan alıkoyduk," karşılığını verir.

Bunun üzerine Hz. Yahya: "Öyleyse bundan sonra hiçbir zaman doyasıya yememeye kesinlikle karar veriyorum," der. Şeytan: "O halde ben de bundan sonra hiç kimseye nasihat vermemeye kesin karar veriyorum," karşılığını verir.

Bu durum ömründe bir gece yemeğinin ölçüsünü kaçıran içindir, buna karşılık ömründe bir kere bile acıktığını hissetmeyen ve buna rağmen kendini ibadet heveslisi sayan kimsenin haline ne dersiniz?

Yine anlatıldığına göre Yahya İbn-i Zekeriyya (a.s.) bir keresinde karnını arpa ekmeği ile fazlaca doyurur, o gece her zamanki zikrini yapamadan uykuya dalar. Allah (c.c.) Onu vahiy yolu ile şöyle azarlar: "Ey Yahya! Benim evimden daha hayırlı bir ev mi buldun yoksa bana yakın olmaktan sana daha faydalı bir muhit mi buldun? İzzet ve celâlim hakkı için eğer Firdevs ile cehennemin her ikisini yakından görüp mukayese etsen, gözyaşı yerine irin ağlar ve dikişli elbise yerine demir giyerdin."

NEFSİ YENMEK VE ŞEYTANA KARŞI KOYMAK

Aklı başında olan kimsenin nefsin azgın arzularını açlıkla sindirmesi gerekir. Çünkü Allah'ın (c.c.) düşmanını (nefsin azgın arzularını) ancak açlık gemleyebilir.

Nefsin azgın arzulan, yemek ve içmek şeytanın vasıtalarıdır. Nitekim peygamberimiz (s.a.v.) şöyle buyurur: "Şeytan, insan vücudunda kan damarları yolu ile dolaşır. Binaenaleyh siz onun dolaşım yolunu açlıkla daraltın. Kıyamet günü, insanların Allah'a en yakın olanı en uzun müddet aç ve susuz kalanıdır."

İnsanoğlu hesabına en büyük tehlike kaynağı, midenin doyumsuz arzularıdır. Hz. Âdem (a.s.) ile Hz. Havva'nın huzur ve istikrar yurdundan (cennetten) çıkarılarak horluk ve yokluk diyarına (dünyaya) gönderilmelerinin sebebi odur.

Bilindiği gibi bir ağaç meyvesinden yemek, kendilerine Allah tarafından yasaklandığı halde azgın arzularına yenilerek söz konusu ağacın meyvesinden yediler de çırılçıplak kalıverdiler.

Tahkike göre mide, aşırı arzuların kaynağıdır. Hikmet ehlinden biri der ki: "Nefsinin kontrolü altına giren kimse, onun azgın arzularından hoşlanmaya mahkûm olmuş, onun yanılmalar zindanında tutuklanmış ve kalbini faydalı şeylerden mahrum etmiş olur. Vücut azaları toprağını azgın arzularla sulayanlar, kalplerinde pişmanlık ağacını dikmiş olurlar."

Yüce Allah (c.c.) canlıları üç türlü yaratmıştır: Melekleri akıllı ve fakat azgın isteksiz yaratmıştır. Hayvanları azgın isteklerle donatmış fakat onların yapısına akıl katmamıştır.

İnsanoğlunu ise akıl ve arzuları bir arada yapısına katarak yaratmıştır. Buna göre aklını azgın arzularının kontrolüne veren kimse hayvanlardan aşağıdadır. Bunun tersine azgın arzularını aklının kontrolü altında tutan kimse de meleklerden üstündür.

HİKÂYE

İbrahim Havvas (rahimehullah) anlatıyor: "Bir gün Likam Dağında idim. Bir nar ağacı gördüm, canım çekti, ondan bir nar kopararak yardım, ekşiymiş, elimden attım ve yoluma devam ettim. Az ileride birini gördüm, yere serilmiş ve üzerine arılar üşüşmüştü. Adama selâm verince; 'Aleykümselam, ya İbrahim,' diye cevap verdi. 'Beni nereden tanıyorsun?' diye sordum. 'Allah'ı tanıyanlara hiçbir şey saklı değildir,' karşılığını verdi. Ona; 'Anlaşılan Allah ile münasebetin var, şu arılardan seni kurtarmasını O'ndan istesene,' diye takıldım. Bana şu cevabı verdi: 'Ben de senin Allah ile münasebetin olduğunu sanıyordum. Asıl kendin, nar düşkünlüğünden seni kurtarmasını istesene! Nar düşkünlüğünün acısını insan Ahirette çeker, oysa arı sokmasının acısı dünyadadır. Öte yandan arı sokması vücudu incittiği halde azgın arzular, iğnelerini kalbe batırırlar.' Bana ağır fakat faydalı bir ders veren adamı kendi haline bırakarak yoluma devam ettim."

Nefsin aşırı arzuları padişahları köle yaptığı gibi sabır da köleleri padişahlığa yükseltir. Hz Yusuf (a.s.) sabrı sayesinde Mısır meliki oldu. Buna karşılık Züleyha, nefsinin azgın arzusu yüzünden, Hz. Yusuf a (a.s.) karşı duyduğu aşkı gemleyemediği için zavallı, düşkün, yoksul ve gözlerinden mahrum bir duruma düştü.

Ebu'l-Hasan! Er-Razi'nin (rahimehullah) anlattığına göre, ölümünden iki yıl sonra babasını rüyasında görür, üzerinde katrandan bir elbise vardır. Ona sorar: "Babacığım, niye seni cehennemliklerin kılığı içinde görüyorum?" Babası: "Yavrum, nefsim beni cehenneme sürükledi! Sakın nefsine aldanma," der.

Şairin biri bu konuda şöyle der: "Başıma dört belâ sarıldı. Sapıklığım ve iradesizliğim yüzünden düştüm pençelerine. Şeytan, dünya, nefsim ve sonu olmayan arzular. Hepsi de düşmanım, acaba kurtuluş nasıl? İhtiras ve kuruntuların karanlığında nefsimin beni sonu olmayan arzulara çağırdığını görüyorum."

Hatem'ül Asam (rahimehullah) der ki: "Nefsim ayak bağım, ilmim silâhım, günahım hayal kırıklığım ve şeytan da düşmanımdır. Nefsimin arzusuna, hiçbir zaman uymam."

Ehli marifetten bir zatın şöyle dediği nakledilir: "Cihat üç türlüdür. Birincisi kâfirlerle savaşmaktır ki bu zahirî cihattır. Yüce Allah'ın Allah yolunda cihat edenler, âyet-i celilesinde, cihadın bu çeşidine işaret edilmiştir.

İkinci çeşit cihat ilimle ve inandırıcı deliller ile batılın taraftarlarına karşı verilen cihattır. En iyi usulle onlara karşı koy, ayet-i kerimesi, bu çeşit cihada işaret eder.

Üçüncü çeşit cihat, kötülüğü emreden nefse karşı verilen cihattır. Bunun hakkında Allah şöyle buyurur: Bizim uğrumuzda cihat edenlere yollarımızı gösteririz.

Peygamberimiz (s.a.v.) de bu konuda şöyle buyurur: En faziletli cihat, nefse karşı verilen cihattır."

Nitekim sahabeler (Allah onlardan razı olsun) kâfirlere karşı verilen bir savaştan dönünce; " Küçük cihattan büyük cihada döndük," derlerdi. Nefse, şeytana ve azgın isteklere karşı verilen cihada "büyük cihat" ismini vermelerinin sebebi şudur: Nefse ve azgın arzulara karşı verilen cihat aralıksızdır, oysa kâfire karşı ara sıra savaş verilir. Öte yandan cephe savaşçısı düşmanı görür fakat şeytan görünmez, görünür düşmana karşı mücadele vermek görünmez düşmanla cihat etmekten daha kolaydır.

Bir de şeytana karşı savaşırken onun, senin nefsinde bir destekçisi vardır. Bu destekçi nefsin azgın arzularıdır. Oysaki kâfirlerle yapılan savaşta onların senin nefsinde öyle bir yardımcıları yoktur. Bu yüzden şeytana karşı verilen savaş daha çetindir. Yine savaşta kâfir öldürürsen zafer ve ganimet elde edersin, kâfir seni öldürürse şehitlik rütbesi ve cenneti kazanırsın. Hâlbuki şeytanı öldüremezsin ama eğer o seni öldürecek olursa Allah'ın cezasına çarpılırsın.

Nitekim derler ki: "Savaşta atını elinden kaçıran kimse düşmanın eline düşer, buna karşılık imanını yitiren kimse Allah'ın gazabına uğrar." Böyle bir şeyden Allah'a sığınırız! Diğer yandan kâfirlerin eline esir düşen kimsenin elleri boynuna bağlanmaz, ayaklarına pranga vurulmaz, aç ve çıplak bırakılmaz. Oysa Allah'ın öfkesine muhatap olan kimsenin yüzü kara olur, elleri boynuna kelepçelenir, ayakları ateşten prangalara vurulur, yediği ateş, giydiği ateş ve içtiği ateş olur.

GAFLET

Gaflet pişmanlığa yol açar. Gaflet nimetin elden gitmesine sebep olur. Gaflet faydalılığı engeller. Gaflet kıskançlığı azdırır. Gaflet kınanmaya ve nedamete sebep olur.

Hikâye edilir ki salihlerden biri rüyasında hocasını görür ve ona; "En çok neden pişmansınız?" diye sorar. Hocası da ona; "En büyük pişmanlığım gafletimdendir," diye cevap verir.

Yine anlatılır ki salihlerden biri Zunnun-i Mısrî'yi (rahimehullah) rüyasında görür ve ona; "Allah sana ne yaptı?" diye sorar. Zunnun-i Mısrî de; "Beni karşısına dikerek seni gidi palavracı, seni gidi yalancı! Beni sevdiğini ileri sürdün, sonra da benden gaflete düştün diye beni azarladı," cevabını verdi.

Şair bu konuda şöyle der:

Kendin gaflettesin, kalbin yanılmada

Ömür olduğu gibi günahlarla geçti.

Anlatıldığına göre salihlerden biri babasını rüyasında görür, ona: "Babacığım! Nasılsın, durumun nasıl?" diye sorar. Babası da; 'Yavrum! Dünyada gafil olarak yaşadık ve gafil olarak öldük," diye cevap verir.

Zervür-Riyaz'da rivayet edildiğine göre Hz. Yakub (a.s.) ölüm meleği Azrail ile dosttu. Bir gün Azrail Hz. Yakub'u ziyarete gider. Hz Yakub ona; 'Ya Azrail, görüşmeye mi geldin, yoksa canımı almaya mı? " diye sorar.

Azrail: "Gelişim ziyaret içindir," cevabını verir.

Hz Yakub: "Ölümümün yaklaştığını, canımı almaya hazırlandığını bana önceden bildirmeni istiyorum," der.

Azrail: "Hay hay, sana iki veya üç haberci gönderirim," karşılığını verir.

Hz. Yakub'un ömrü dolunca bir gün yine ölüm meleği karşısına dikilir. Hz. Yakub yine sorar: "Ziyaretçi misin, yoksa canımı almaya mı geldin."

Azrail: "Canını almaya geldim," cevabını verir.

Hz. Yakub: "Sen bana daha önce iki veya üç haberci göndereceğini söylemedin mi?" diye sorar. Azrail şu cevabı verir: "Söylediğimi yaparak sana üç haberci gönderdim. Önce siyah iken sonra ağaran saçın, güçlü iken halsizleşen vücudun ve dimdik iken kamburlaşan vücudun, ey Yakub, işte bunlar benim Âdemoğullarına gönderdiğim ön habercidir."

Şair bu durumu şöyle tasvir eder:

Geçti yıllar, günler, günahlar üremekte,
Geldi ölüm habercisi, fakat kalp gafil,
Dünyadan nasibin aldanmak ve pişmanlık,
Dünyada kalman ise imkânsız ve boş kuruntu.

Ebu Ali ed-Dakkak (rahimehullah) anlatıyor: Hasta olan salih bir dostumu ziyaret etmeye vardım. Büyük bir şeyh idi, etrafını talebeleri çevirmişti. Ağlıyordu. İyice yaşlanmıştı.

"Ey şeyh! Neye ağlıyorsun? Yoksa dünyaya mı?" diye sordum. "Asla! Kaçırdığım namazlara ağlıyorum," diye cevap verdi. "Nasıl olur, sen namazını kaçırmazdın," dedim. Bana şu cevabı verdi: "Şu günüme kadar geldim, ne gafletsiz secdeye vardığım oldu ne de gafletsiz secdeden başımı kaldırdığım var. İşte şimdi de gaflet içinde ölüyorum."

Arkasından derin bir nefes çekerek şu şiiri söyledi:

Mezarımdan doğrulacağım günü ve mahşere varacağımı düşündüm

Dört köşelik çukurumdaki ikamet süremi

Yapayalnız ve tek başıma, nice izzet ve mevkiden sonra

Günahım ve toprağımın tutuklusu olarak, onunla baş başa hesaplaşmam üzerinde eni boyu düşündüm.

Ve amel defterim verildiği zamanki halimin perişanlığını

Fakat ümidim sendedir, Rabbim, Yaratıcım!

Umarım ki ey Allah'ım sen bağışlarsın günahkârı!

Uyûnu'l-Ahbar adlı eserde Şakık el-Belhî (rahimehullah)'nin şu sözleri nakledilir: "İnsanlar şu üç sözü söylerler, ama davranışları sözlerine ters düşer. Birincisi; biz Allah'ın kuluyuz, derler, fakat başıboşlar gibi davranırlar, bu durum sözlerine ters düşer. Allah bizim rızkımıza kefildir, derler fakat kalpleri yalnız dünya ve dünya malı biriktirmekle tatmin olur. Bu davranış da sözlerine ters düşer. Ölümden kurtuluşumuz yoktur, derler fakat hiç ölmeyecekmiş gibi hareket ederler. Bu davranış da hiç şüphesiz durumlarına ters düşer. Ey kardeşim, sen kendine bak! Hangi vücutla Allah'ın huzuruna dikileceksin, hangi dille ona cevap vereceksin, her şeyi inceden inceye sana sorduğunda ne cevap vereceksin. Sorulara cevap ve cevaplara doğruluk hazırla, Allah'tan kork, çünkü O, iyi kötü bütün davranışlarınızdan haberdardır." Şakık-ul Belhî sözlerine devam ederek müminlere, Allah'ın emrinden ayrılmamalarını, gizli açık her durumda onu tek ilâh olarak bilmelerini öğütlemiştir.

Hadisi Şerifte varid olduğuna göre peygamberimiz (s.a.v.) şöyle buyurmuştur: "Arş'ın direğinde yazar ki bana itaat edenin ben de mükâfatını veririm, beni seveni ben de severim, bana yalvaranın isteğini karşılarım, benden af dileyenin günahlarını bağışlarım. "

Aklı başında olan kimsenin Allah'a korku içinde ve ibadetlerini sırf ona yönelterek, onun takdirinden hoşnut olarak, ondan gelen belâya sabırla katlanarak verdiği nimetlere şükreder ve verdiği ile yetinerek itaat etmesi gerekir.

Nitekim Yüce Allah buyuruyor ki: "Benim takdir ettiğimden hoşnut olmayanlar, gönderdiğim belâya sabırla katlanamayanlar, nimetlerime şükretmeyenler ve verdiğimi yeterli bulmayanlar, benden başka Allah arasınlar."

Biri Hasan el-Basrî (rahimehullah)'ye; "İbadetten zevk alamıyorum," der. Hasan el-Basrî de ona; "Her halde sen Allah'tan korkmayan birinin yüzüne bakmışsın. Kulluk her şeyden hakkıyla sıyrılarak Allah'a yönelmektir," cevabını verir.

Başka birisi de aynı konuyu Ebu Yezid el-Bestamî'ye (rahimehullah) açar: "İbadetten zevk alamıyorum," der. Ebu Yezid el-Bestami de ona şöyle cevap verir: "Çünkü sen ibadete tapıyorsun, Allah'a ibadet etmiyorsun! Allah'a ibadet et ki ibadetten lezzet alasın."

Anlatıldığına göre adamın biri namaza durur, Fatiha süresini okurken sıra İyyâke na'büdü (sadece sana kulluk ederiz) ayetine geldiği zaman içinden gerçekten sadece Allah'a kulluk ettiğini geçirir. O sırada gizli bir ses ona; "Yalan söylüyorsun, sen insanlara kulluk ediyorsun," diye seslenir. Hemen tövbe eder, insanlarla münasebetlerini keser ve yine namaza durur.

Yine sıra İyyâke na'büdü ayetine gelince aynı sesi bir kere daha duyar: "Yalan söylüyorsun, sen servetine tapıyorsun." Bu azar üzerine bütün varlığını fakirlere dağıtır, yine namaza durur, sıra yine aynı ayete gelince yine kulağına o ses gelir: "Yalan söylüyorsun, sen elbiselerinin kölesisin." Derhal vücudunu örtmek için gerekli olanlarının dışında kalan bütün elbiselerini fakirlere verir ve namaza durur. Sıra yine aynı ayete gelince bu defa aynı ses kulağına şöyle seslenir: "Şimdi doğru söylüyorsun, gerçekten şu anda sen sırf Allah'a kulluk ediyorsun."

Revnakul-Mücanis'de der ki: "Adamın biri heybesini kaybetmiş. Kime verdiğini bir türlü hatırlayamıyormuş. Bu düşünce içinde namaza durmuş. Namazda iken heybeyi kime verdiğini hatırlamış. Selâm verince kölesini çağırmış: "Falan oğlu filana git, heybemizi geri al." demiş. Köle: "O'nda olduğu ne zaman hatırına geldi?" diye sormuş. Adam: "Namazda iken diye cevap vermiş". Bunun üzerine köle ona şöyle demiş: "Efendim, demek ki sen Allah'ın rızası peşinde değil, heybenin peşinde imişsin." Adam da sağlam itikadına hürmet ederek köleyi derhal azat etmiş.

Bundan dolayı aklı başında olan kimsenin dünyadan gönül sıyırarak sırf Allah'a kulluk etmesi, ilerisini düşünerek Ahiret saadetini araması gerekir. Nitekim Yüce Allah (c. c.) şöyle buyuruyor: "Kim ki Ahiret ecrini (sevabını) dilerse onun ecrini artırırız. Buna karşılık dünya ürününe (elbise, yiyecek, içecek gibi dünya lezzetlerine) talip ise ondan payını veririz fakat onun Ahirette hiçbir payı olmaz. (Ahiret sevgisi kalbinden çıkarılır)" (Şuarâ Süresi, 20)

Böyle olduğu içindir ki Hz Ebubekir (r.a.) peygamberimiz uğruna kırk bin dinar açıktan ve kırk bin dinar gizlice harcamış ve sonunda kendisine hiçbir şey bırakmamıştır. Peygamberimizin (s.a.v.) kendisi olsun, yakınları olsun dünyadan ve dünyanın istek ve arzularından yüz çevirmişlerdi. Nitekim Hz. Fatma (r. anha)'nın Hz Ali (keremellahu vecheh) ile evlendiği zaman çeyizi debbağlanmış koç derisi bir post ile içine ağaç kabuğu doldurulmuş deri bir yastıktan ibaretti.

ALLAH'I UNUTMAK FASIKLIK VE NİFAK

Kadının biri Hasan el-Basrî'ye (rahimehullah) gelir. "Genç bir kızım vardı, öldü, onu rüyamda görmek istiyorum. Onu rüyamda görmemi sağlayacak bir dua öğretesin diye sana geldim," der. Hasan el-Basrî (rahimehullah) da kadının arzusunu yerine getirir. Kadın kızını rüyasında görür ki aman Allah'ım! Üzerinde katrandan bir elbise, boynuna bukağı ve ayaklarına prangalar vurulmuş. Durumu Hasan el- Basrî'ye bildirir, veli de bu hale üzülür.

Aradan zaman geçer, bu defa kızı rüyasında Hasan el-Basrî görür. Kız cennettedir ve başı taçlıdır. Kız veliye; "Beni hatırladın mı? Ben sana gelerek şöyle şöyle ricada bulunan kadının kızıyım," der. Hasan el-Basrî seni gördüğüm duruma getiren nedir?" diye sorar. Kız şu cevabı verir: "Adamın biri bizim mezarlığın yanından geçerken peygamberimize (s.a.v.) bir defa salât-ü selâm getirdi. Mezarlıkta azap çeken beş yüz elli ölü vardık. O adamın salât-ü selâmı sayesinde; "Bunlardan azabı kaldırın," diye emir geldi. Şimdi düşünelim. Bir adamın peygamberimize (s.a.v.) getirdiği salât-ü selâm hürmetine o kadar kişi affedilince elli yıllık ömrü boyunca ona salât-ü selâm getiren kimsenin kıyamet günü onun şefaatine nail olmaması düşünülebilir mi?

Yüce Allah: (c.c.) "O kimseler gibi (yani münafıklar gibi) olmayın (günaha dalmayın) ki onlar Allah'ı unutmuşlardır (Yani Allah'ın emrinden ayrılarak tersini yapmışlar, dünyalık azgın arzulardan, tat almışlar ve onun aldatıcı görüntülerine gönül vermişlerdir).

Peygamberimize (s.a.v.) "Mümin ve münafık kimdir?" diye sormuşlar, şu cevabı vermiştir: "Müminin gözü namazda, oruçta olur. Münafığın gözü ise (hayvanlarda olduğu gibi) yemekte, içmekte, ibadet ve namazdan uzak durmakta olur. Mümin eli vardıkça sadaka verir, Allah'tan günahlarının affedilmesini diler. Münafık ise ihtiras ve boş kuruntular peşindedir. Müminin Allah'tan başka hiçbir kimsede umudu olmaz, münafık ise Allah'tan başka herkese umut bağlar.

Mümin, dini yerine malını feda eder, münafık ise malı uğrunu dinini satar. Mümin Allah'tan başka hiç kimseden korkmaz. Münafık ise Allah'tan başka herkesten çekinir. Mümin iyilik işlemekle birlikte ağlar, münafık ise kötülük işlediği halde güler.

Mümin yalnızlıktan ve kendi başına kalmaktan hoşlanır. Münafık ise girişkenlikten ve kabalıktan hoşlanır.

Mümin tohum eker, (yapıcı ve üreticidir) kargaşalıktan hoşlanmaz. Münafık ise yıkıcıdır. Bununla birlikte emeksiz ürün peşindedir. Mümin dininin prensiplerine uygun bir idare uğruna emin verir ve yasaklar koyar, düzelticidir. Münafık ise baş olma ihtirası uğruna emirler verir ve yasaklar koyar, yıkıcıdır. Daha doğrusu kötülüğü emrederken iyiliği ve doğruyu yasaklar."

Nitekim Yüce Allah (c. c.) şöyle buyuruyor: "Münafık erkekler de münafık kadınlar da birbirlerinin parçalarıdırlar (hepsi birbirine benzer). Onlar kötülüğü emrederler, iyilikten vazgeçirmeye çalışırlar. Onlar avuçlarını yumarlar (cimridirler). Onlar Allah'ı unutmuşlardır. Allah da onları terk etti. Hiç şüphesiz münafıklar, fasıkların ta kendileridirler. Allah erkek münafıklara da kadın münafıklara da kâfirlere de içinde ebediyen kalmak üzere cehennem ateşini vaat etmiştir. Bu onlara yeter. Ayrıca Allah onları rahmetinden kovdu, onlar için tükenmez azap vardır." (Tevbe Süresi, 67-68)

Yine Yüce Allah (c. c.) şöyle buyurur: "Allah münafıklar ile kâfirlerin hepsini (kâfir ve münafık olarak öldükleri takdirde) cehennemde bir araya getirecektir."

Ayet-i celilede münafıkların daha önce zikredilmelerinin sebebi, bunların kâfirlerden daha kötü olmaları yüzündendir. Arkasından da her iki zümrenin birlikte varacağı yerin cehennem olduğu bildirilmiştir.

Yine Yüce Allah (c.c.) şöyle buyuruyor: "Hiç şüphesiz, münafıklar cehennemin en alt kalındadırlar. Onlar için hiçbir kurtarıcı bulamayacaksın."

Münafık, kelime manası bakımından; "Nafik-ul Yerbu" deyiminden türemiştir. Tarla faresinin yuvasında karşılıklı iki delik bulunduğu söylenir. Birine "nafıka" diğerine "kasıa" denir. Tarla faresi birinin ucundan başını gösterir, öbüründen çıkıp gider. İşte münafığa o yüzden bu ad takılmıştır. Çünkü kendini Müslümanmış gibi gösterir, öte yandan İslam'dan çıkarak kâfirliğe girer.

Peygamberimiz (s.a.v.) buyuruyor ki: "Münafık, iki koyun sürüsü arasında gâh sürünün birinde, gâh öbürüne katılan şaşkın bir koyun gibidir. O bu sürülerin hiç birinde devamlı barınmaz çünkü her iki sürüye de yabancıdır. Münafık da tıpkı böyledir, ne tamamen Müslümanlarla kaynaşabilir ve ne de kâfirlerle."

Yüce Allah (c.c.) cehennemi yedi kapılı olarak yaratmıştır. Nitekim "Cehennemin yedi kapısı vardır." (Hicr Süresi, 44) diye buyuruyor. Bu kapılar, lanetle kaplanmış demirdendir. Cehennem duvarlarının dış yüzü bakırdan ve iç yüzü kurşundandır. Tabanında azap ve tavanında öfke ve acımazlık vardır. Zemini cam, kurşun, bakır ve demir karışımıdır. Cehennemlikler üstten, alttan, sağdan ve soldan ateşle kuşatılmışlardır. Birbiri üzerinde duran katlardan meydana gelmiştir. İşte münafıklar için bu katların en altta olanı ayrılmıştır.

Rivayete göre Cebrail'in (a.s.) gelişlerinden birinde peygamberimiz (s.a.v.) ona; "Ya Cebrail, bana cehennemi ve onun hararet derecesini tasvir et," der. Cebrail de Peygamberimizin (s.a.v.) isteği üzerine şunları anlatır: "Yüce Allah, cehennem ateşini yarattıktan sonra bin yıl boyunca yaktı. Sonunda kıpkırmızı oldu. Arkasından bin yıl daha yaktı, nihayet ağardı. Daha sonra onu koyu bir kara renge bürününceye kadar bin yıl daha yaktı.

Seni hak dinle peygamber olarak gönderen Allah adına yemin ederim ki cehennemliklerin üzerindeki elbiselerden biri yeryüzü halkına gösterilecek olsa hepsi ölürlerdi. Yine eğer cehennem içeceğinin bir tek kovası yeryüzü sularının tamamına katılsa tadanlar derhal ölürdü.

Yüce Allah'ın: 'Sonra onu boyu yetmiş arşın zincire vururuz.' ayetinde belirttiği zincirden bir arşın kadarı (Ki o arşının uzunluğu doğu ile batı arası kadardır) dünya dağlarına düşse, dağlar erirdi. Eğer aranızdan biri cehenneme girdikten sonra çıkarılarak aranıza gönderilse yeryüzündekiler, kokusunun keskinliğinden bayılarak ölürlerdi."

Peygamberimiz (s.a.v.) Cebrail'in sözünün burasında araya girerek; "Ya Cebrail, bana cehennemin kapılarını tarif et, şu bildiğimiz kapılar gibi midirler?" diye sordu.

Cebrail (a.s.): "Hayır ya Resulallah fakat birbiri üzerine katlar halindedirler. Kapıdan kapıya yetmiş yıllık mesafe vardır. Her kapının ısı derecesi üzerindekinden yetmiş derece fazladır."

Peygamberimiz (s.a.v.) Cebrail'e bu kapılara tekabül eden katlara kimlerin gireceğini sordu. Cebrail şöyle cevap verdi: "İsmi Haviye olan en alt katın kapısından münafıklar gireceklerdir."

Nitekim Yüce Allah: "Hiç şüphesiz, münafıklar cehennemin en alt katındadırlar," buyuruyor. (Nisa Suresi, 145)

İsmi Cahim olan ikinci katın kapısından Allah'a ortak koşanlar gireceklerdir. İsmi Sakar olan üçüncü katın kapısından yıldızlara tapan putperestler (sabiiler) gireceklerdir. Adı Lezza olan dördüncü katın kapısından şeytan ile birlikte ona uyan ateşperestler gireceklerdir. Adı Hutame olan beşinci katın kapısından Yahudiler gireceklerdir. İsmi Sair olan altıncı katın kapısından Yahudiler gireceklerdir."

Cebrail, sözünün burasında susunca peygamberimiz (s.a.v.): "Hani yedinci katın kapısından girecek olanları söylemedin," dedi.

Cebrail: "Ya Muhammed onu sorma," diye cevap verdi. Peygamberimiz; "Söyle!" diye ısrar edince Cebrail: "Yedinci kapıdan da senin ümmetinden tövbesiz ölen büyük günahkârlar gireceklerdir," diye sözünü tamamladı.

Rivayete göre; "Hepiniz teker teker oraya (cehenneme) mutlaka gireceksiniz." (Meryem Süresi, 71) mealindeki ayet-i kerime indiği zaman peygamberin ümmeti hesabına duyduğu korku artmış ve hüngür hüngür ağlamıştır.

Allah'ı tanıyan, onun sillesinin ve hışmının şiddetini bilen kimse ondan olanca derecesi ile korkar. Anlatılan sıkıntılarla henüz karşılaşmadan, o korkunç ve ürkütücü ev (cehennem) gözü önüne dikilmeden, perde düşüp intikamı pek çetin olan Allah'ın (c.c.) huzuruna çıkarılmadan ve cehenneme sevk edilmeden kendine ve sapıklıklarına gözyaşı döker.

Orada nice yaşlı kimse; "Hey gidi yaşlılığım," diye feryat eder, nice genç; "Eyvah gençliğime," diye bağırır. Nice kadın da; "Eyvah rezilliklerime, yazık yırtılan sır perdelerim;" diye figan eder. Orada herkesin yüzü ve vücudu kapkaradır, beli büyüktür.

Ne büyüklere saygı gösterilir ne de küçüklere acınır, kadınlar çırılçıplaktır.

Allah'ım, ey bağışlayıcıların ulusu! Rahmetin sayesinde bizi ateşe yaklaştıracak her türlü kötülükten koru, bizi iyilerle birlikte cennete koy.

Allah'ım! Kusurlarımıza göz yum, başımızdakileri güvenilir kıl, ayak sürçmelerimizden sonra dengeye kavuşmamızı nasip eyle ve huzurunda bizi rezil eyleme, ey merhametlilerin en merhametlisi.

Salât ve selâm peygamberimize, onun yakınları ile sahabeleri üzerine olsun.

TÖVBE

Tövbe her Müslüman erkek ve kadına farzdır. Nitekim Yüce Allah (c.c.) şöyle buyuruyor: "Ey iman edenler! Dönülmez bir tövbe ile Allah'a yöneliniz" (Tahrim Süresi, 8) Emir vücup içindir.

Yine Yüce Allah (c.c.) şöyle buyuruyor: "Allah'ı unuttukları için Allah'ın kendilerini kendilerine unutturduğu kimseler gibi olmayınız. Onlar, fasıkların ta kendileridir." (Haşr Sûresi, 19)

Ayet-i kerimedeki "Allah'ı unuttular" ifadesi, Allah'a daha önce söz vermiş oldukları halde onun kitabına uymaktan cayanlar demektir. "Allah da onlara kendi kendilerini unutturdu," cümlesi de kötülüklerden vazgeçip kendileri hesabına iyi davranışlara girişmek üzere kendi kendilerini değerlendirmelerini hatırlarına getirmedi demektir.

Nitekim peygamberimiz (s.a.v.) şöyle buyuruyor: "Allah'a kavuşmayı dileyen kimseye kavuşmaktan, Allah hoşnut olur. Buna karşılık Allah'a kavuşmaktan hoşlanmayan kimseye kavuşmayı Allah da istemez."

Ayetteki; "Onlar fasıkların ta kendileridir," ifadesi de günah işlemeyi tabiî bir yol haline getirenler, verdikleri sözden cayanlar, hidayet, rahmet ve mağfiret yolundan sapanlar demektir.

Fasık iki türlüdür: Biri kâfir fasık, diğeri facir fasık. Kâfir fasık Allah'a ve onun resulüne inanmayan, hidayet yolundan çıkararak sapıklık çıkmazına koyulan kimsedir. Nitekim Yüce Allah (c. c.) böylesi fasıklar hakkında şöyle buyuruyor: "O, Rabbinin emrinden çıkmıştır."

Yani iman ederek Allah'ın emrine uyma yolundan ayrılmıştır. Facir fasıka gelince içki içen, haram yiyen, zina eden, çeşitli günahlar işleyerek ibadet yolundan sapıp isyan yoluna giren ve fakat Allah'a ortak koşmamış olan kimselerdir. Aralarında fark şudur: Ölmeden önce tövbe edip kelime-i şehadet getirmedikçe kâfir fasığın affedilmesi umulmaz. Buna karşılık facir fasık, ölmeden önce sadece tövbe ederek işlediklerinden pişmanlık duyduğu takdirde affa uğraması beklenebilir.

Bilinmelidir ki sebebi nefsin azgın arzuları olan her günahın affedilmesi beklenebilir. Buna karşılık sebebi nefsin kibir olan günahın affı beklenemez. Nitekim şeytanın başkaldırmasına sebep kibri olduğu için affedilmemiştir. Buna göre ölmeden önce günahlarından vazgeçip Allah'a tövbe etmen gerekir ki Allah'ın dileğini kabul buyurmasını beklemeye haklı olasın. Nitekim Yüce Allah (c.c.) şöyle buyurur: "Kullarından gelen tövbeleri kabul ederek kötülükleri affeden odur."

Demek ki Yüce Allah, tövbeyi kabul ederek yapılmış olan kötülükleri bağışlıyor. Nitekim peygamberimiz (s.a.v.) şöyle buyuruyor: "Günahlarından tövbe eden kimse, hiç günah işlememiş kimse gibidir."

Anlatıldığına göre adamın biri her günah işlediğinde günahı bir deftere yazardı. Günün birinde yeni bir günah daha işler, yazmak için defterini açar. Fakat günah listesinin kayıtlı olduğu sayfalarda; "O kimseler ki Allah onların kötülüklerini iyiliklerle değiştirir," mealindeki ayet-i kerimeden başka hiçbir satır bulamaz. Ayetten murad Allah şirkin yerine imanı, zinanın yerine affı, günahın yerine ismet ve taatı değiştirir, demektir.

Yine anlatıldığına göre Hz. Ömer (r.a.) bir gün Medine mahallelerinden birini dolaşırken bir delikanlı ile karşılaşır. Delikanlı, elbisesinin altında içki şişesi taşımaktadır. Hz. Ömer: "Delikanlı, elbisenin altında ne var?" diye sorar.

Delikanlı içki diye cevap vermek üzere iken o anda içinden şöyle dua eder: "Allah'ım! Beni Ömer'in karşısında rezil etme, rüsva etme, ayıbımı gözünden sakla, bundan sonra bir daha içki içmeyeceğim."

Arkasından "Ey Emirü'l- Mü'minîn, elbisemin altında taşıdığım sirke şişesidir," diye cevap verir.

Hz. Ömer: "Bir bakayım," der. Delikanlı elbisesini kaldırır. Hz Ömer bakar, gerçekten şişe sirke olmuştur. Demek ki içki sirkeye dönüşmüştür.

Kul korkusu ile tövbe ettiği için samimiyetinden dolayı Allah'ın içkisini sirkeye değiştirdiğini görüyorsun. Bu böyle olunca kötülüğe batmış bir günahkâr, dönülmez bir tövbe ederek işlediği kötülüklerden vazgeçecek olsa Yüce Allah onun günah içkisini ibadet sirkesine dönüştürecektir.

Ebu Hureyre (r. a) anlatıyor: "Bir gece yatsı namazını Allah Resulü ile birlikte kıldıktan sonra yola çıktım, yürürken önüme bir kadın çıktı. 'Ey Ebu Hureyre, ben bir günah işledim, acaba tövbem kabul olur mu?' diye sordu. 'İşlediğin günah nedir?' diye sordum. Kadın: 'Zina yaptım ve zinadan peydahladığım çocuğu da öldürdüm,' cevabını verdi. Kadına: 'Mahvoldun ve cana kıydın, yemin ederim ki senin yapacağın tövbe kabul edilmez,' karşılığını verdim. Ben böyle der demez kadın bayılarak yere düştü. Yoluma devam ettim. Yürürken içimden Allah resulü henüz aramızda iken ben fetva veriyorum, bu doğru değil, dedim. Bu düşünce ile geriye döndüm, peygamberimize vardım, karşılaştığım olayı ona anlattım.

Bana dedi ki: 'Mahvoldun ve mahvettin. Şu ayetler nerede, senin tutumun nerede? Yüce Allah (c.c.) şöyle buyuruyor: Onlar ki Allah'ın yanına başka bir ilâh katıp tapmazlar, kesin bir adalet hükmü olmaksızın Allah'ın haram kıldığı cana kıymazlar, zina etmezler (işte onlar Allah'ın gerçek kullarıdırlar). Kim bu haramları işlerse cezaya çarpılır. Kıyamet günü o kimsenin azabı kat kat olur ve perişanlık içinde azap ile ebediyen baş başa bırakılır. Yalnız tövbe ederek salih ameller işleyenler müstesna, Allah onların kötülüklerini iyiliklerle değiştirir. Allah çok bağışlayıcı ve çok merhametlidir.' (Furkân Süresi, 68-70)

Bunun üzerine peygamberimizin yanından hemen çıktım. 'Az önce benden bir konuda fetva isteyen kadının yanına beni götürecek kimse var mı?' diye seslendim. Çocuklar: 'Ebu Hureyre delirmiş,' diye bağırmaya başladılar. Sonunda kadının yanına vararak peygamberimizin verdiği fetvayı ona bildirdim. Kadın sevinçten coşarak nara attı ve bir bahçem var, onu Allah ve onun resulü uğruna sadaka olarak vereceğim, dedi."

Hikâye

Utbetü'l-Gulâm şamatacılığı ve sarhoşluğu ile meşhur, günah ve kötülükte ileri gitmiş bir kimse idi. Bir gün Hasan el- Basrî 'nin (rahimehullah) toplantısına katıldı. Şeyh şu ayet-i kerimenin tefsirini okuyup açıklıyordu. Ayet-i kerimede Yüce Allah (c.c.) şöyle buyuruyor:

"Allaha iman edenlerin, onun zikrinden dolayı kalplerinin ürpereceği zaman gelmedi mi?"

Hasan el- Basrî ayetin tefsirini naklederken gayet etkili bir vaaz yaptı, öyle ki herkesi ağlattı. Bu sırada kalabalığın arasından bir delikanlı ayağa kalktı. "Ey müminlerin muttakisi! Allah benim gibi günahkârlık ve kötülüğe batmış birinin tövbesini kabul eder mi?" diye sordu.

Şeyh: "Tabii, tövbe edecek olsan Allah senin günahkârlık ve kötülüğe dalmışlığını affeder," diye cevap verdi. Adı Utbetü'l-Gulâm olan delikanlının bu cevap üzerine benzi sarardı, bütün vücudu titredi ve öylesine gür bir nâra attı ki arkasından bayılarak yere düştü. Ayılınca yanına yaklaşan Hasan el-Basrî ona şu beyitleri okudu:

Ey Arş'ın Rabbine karşı gelen delikanlı, bilir misin, nedir günahkârların cezası?
Günahkârların alınlarının yakalandığı gün,
Asiler için "sair" var ki onun yalazı gümbürtülü ve öfkelidir.
Eğer bu ateşe dayanabileceksen Allah'a isyan et,
Değilse günah işlemekten kaçın,
Kazandığın günahlar yüzünden,
Nefsini ipotek etmişsin, onu kurtarmaya çalış."

Bu şiiri duyan delikanlı, bir kere daha gür bir nâra salarak baygın vaziyette yere düştü. Ayılınca Şeyhe yine sordu: "Ey Şeyh! Esirgeyici olan Allah, benim gibi bir alçağın tövbesini kabul eder mi?" Hasan El- Basrî delikanlıya: "Günahkâr kulun duasını bağışlayıcı olan Allah'tan başka kim kabul edebilir ki?" diye cevap verdi. Bu cevap üzerine kalbi biraz daha ferahlayan delikanlı, başını yerden kaldırarak Allah'a dua etti ve üç şey istedi.

Birinci duası şuydu: "Allah'ım! Eğer tövbemi kabul ederek günahlarımı affedersen, bana gerek Kur'an-ı Kerim ve gerekse diğer ilimler ile ilgili olarak işittiğim her cümleyi kavrayacak derecede kuvvetli bir zekâ ve hıfzetme gücü ihsan eyle."

İkinci duası şuydu: "Allah'ım! Bana öylesine tatlı bir ses bağışla ki benim dilimden Kur'an-ı Kerim duyan en katı kalpli kimselerin bile gönlü yumuşasın."

Üçüncü duası da şu oldu: "Allah'ım! Bana helâl lokma nasip eyle, zaruri geçim kaynağımı ummadığım yerlerden temin eyle."

Yüce Allah (c.c.) delikanlının her üç duasını da kabul etti. Bunun üzerine zekâ ve hafızası gelişti, O Kur'an-ı Kerim okuyunca dinleyenler derhal günahlarına tövbe ediyorlardı, ayrıca her gün evine bir çömlek dolusu çorba ile iki çörek gelirdi, kimin getirdiğini hiç kimse bilmiyordu. Ölünceye kadar bu durum böylece devam etti. İşte gönülden Allah'a bağlı yönelen kimselerin hali budur. Çünkü Allah iyi amel işlemeye yönelenleri mükâfatsız bırakmaz.

Âlimlerden birine soruldu ki; "Kul, tövbe ettiği zaman tövbesinin kabul edilip edilmediğini bilebilir mi?" Âlim bu soruya şu cevabı verdi: "Bu konuda kimse kesin bir hükme varamaz, fakat tövbenin kabul edilip edilmediğine işaret eden bazı alâmetler vardır. Başlıcaları şöyle sıralanabilir:

1. Kulun kendisini günahtan uzak hissetmesi gerekir.

2. Kalbinden sevincin silindiğini, her baktığı yerde Allah'ın varlığını hissetmesi gerekir.

3. Günahkârlardan uzak durarak iyilik işleyenlere yakınlık duyması gerekir.

4. Dünya kazancının azını çok, Ahiret amelinin çoğunu az görmesi gerekir.

5. Kalbini devamlı olarak Allah'ın farz kıldığı ibadetiyle ilgili görmelidir.

6. Az konuşması, aralıksız bir düşünce hali yaşaması, daha evvel işlediği günahlardan dolayı devamlı olarak pişman görünmesi gerekir.

SEVGİ

Anlatıldığına göre adamın biri çöl ortasında yürürken gözünün önüne çirkin bir yüz dikilir. Adam: "Sen kimsin?" der. Çirkin yüz; "Ben senin çirkin amellerinim," diye cevap verir. Adam: "Senden kurtulmanın yolu nedir?" diye sorar. Çirkin yüz; "Peygambere salât-ü selâm getirmektir," der.

Nitekim peygamberimiz (s.a.v.) şöyle buyuruyor: "Bana getirilen salât-ü selâm, sırat köprüsü üzerinde ışıktır. Cuma günü seksen kere salât-ü selâm getiren kimsenin geçmiş seksen yıllık günahı affedilir."

Yine anlatıldığına göre adamın biri, Hz. Muhammed'e salât-ü selâm getirmezdi. Bir gece rüyasında peygamberimizi (s.a.v.) görür, fakat yüzünü adama çevirmez. Adam: "Ey Allah'ın Resul'ü! Yoksa bana kızgın mısın?" diye sorar. "Hayır" diye 'cevap verir. Adam: "O halde niye yüzüme bakmıyorsun?" diye sorar. Peygamberimiz: "Çünkü seni tanımıyorum," diye karşılık verir. Adam: "Beni nasıl tanımazsın, ben senin ümmetinden biriyim, âlimlerin anlattığına göre sen ümmetini ananın çocuğunu tanıdığından daha iyi tanırsın," der.

Peygamberimizin cevabı şöyle olur: "Âlimler doğru söylemişler, yalnız sen üzerime salât-ü selâm getirerek beni hatırlamadın ki! Benim ümmetimi tanımam üzerime getirecekleri salât-ü selâm ile ölçülüdür." Bu arada adam uyanır ve her gün peygamberimize (s.a.v.) yüz kere salât-ü selâm getirmeyi üzerine borç haline getirir ve bunu yapar. Bir müddet sonra peygamberimizi tekrar rüyasında görür. Ona; "Şimdi seni tanıyorum ve sana şefaat edeceğim," diye müjde verir. Çünkü adam Resulullahı sever olmuştur.

Yüce Allah (c.c.) buyurur ki: "Ey Resul'üm! De ki, eğer Allah'ı seviyorsanız, bana uyunuz da Allah da sizi sevsin ve günahlarınızı affetsin. Hiç şüphesiz Allah, bağışlayıcı ve esirgeyicidir."

Ayet-i kerimenin nüzul sebebi şöyle nakledilir: Peygamberimiz (s.a.v.) K'ab İbni Eşref ile adamlarını İslam'ı kabul etmeye davet ettiği zaman onlar da peygambere; "Biz Allah'ın oğulları yerindeyiz, o yüzden biz Allah'ı daha çok severiz," diye cevap verdiler. Adamların bu cevabına karşılık Yüce Allah (c.c.) peygamberin onlara şu mahiyette bir cevap vermesini murad etmiş olmalıdır: "Eğer siz Allah'ı seviyorsanız tebliğ ettiğim dini kabul ederek bana uyunuz. Çünkü ben onun bildirisini size ulaştıran ve sizinle ilgili hükümleri açıklayan bir Allah Resulüyüm. Eğer, benim onun adına yaptığım davete uyarsanız, o sizi sever ve günahınızı bağışlar. Hiç şüphesiz o bağışlayıcı ve esirgeyicidir."

Müminlerin Allah'ı sevmesi, onun emrine uymakla, ibadetine koşmakta ve hoşnutluğunu aramakla olur.

Allah'ın (c.c.) müminleri sevmesi, onlara merhametle muamele etmesi, onları mükâfatlandırması, günahlarını bağışlaması, onlara rahmet, takva ve başarı ihsan etmesi demektir.

İmam-ı Gazali (rahimehullah) "İhyâu ulumi'd-dîn" adlı eserinde der ki: Dört şeyi yapmaksızın dört şeyi iddia eden kimse yalancıdır. Bunlar;

1. Cenneti sevdiğini söylediği halde ibadet etmeyen, kimse yalancıdır.
2. Peygamberimizi (s.a.v.) sevdiğini ileri sürdüğü halde âlimler ile fakirleri sevmeyen yalancıdır.
3. Cehennemden korktuğunu iddia ettiği halde günah işlemekten vazgeçmeyen kimse yalancıdır.
4. Sevginin alâmeti, sevgilinin arzusuna uymak ve onunla ters düşmekten sakınmaktır.

Anlatıldığına göre bir gün bir grup, Şibli'yi (rahimehullah) ziyarete gider. Büyük Veli: "Siz kimsiniz?" diye sorar. Gelenler; "Biz seni sevenleriz," diye cevap verirler. Bu sırada Şiblî yüzünü onlara döner, sonra onlar taşlamaya başlar. Adamlar Veli'den kaçarlar. Veli onlara; "Benden niye kaçıyorsunuz, eğer gerçekten beni sevseydiniz, belâmdan kaçınmazdınız," diye azarlar. Arkasından sözlerine şöyle devam eder: "Muhabbet ehli, sevgi kadehinden içtiler. Beldeler ve yeryüzü onlara dar geldi, Allah'ı hakkı ile bildiler, onun ululuk ve kudreti karşısında şaşkın kaldılar. Onun sevgi kadehinden içtiler, onun ünsiyet denizinde boğuldular, yalnız ona seslenmekten zevk alır oldular."

Arkasından şu beyti söyledi:

Ey Mevlâm! Sevgini hatırlamak sarhoş etti beni,

Sen sarhoş olmayan hiç bir âşık gördün mü?

Söylendiğine göre deve sarhoş olduğu zaman kırk gün yem yemez ve her zaman taşıdığının bir kaç katı kadar yük sırtına vurulsa yükleneni taşımamazlık etmez. Çünkü kalbinde sevgilisinin hatırası kıpırdayınca artık ne yem yer ve ne de ağır yük taşımaktan kaçınır, sebep sevgilisine karşı duyduğu şevktir.

Deve deve iken sevgilisi uğruna nefsinin isteğini gemleyerek ağır yük taşımaya katlandığı halde, siz Allah (c.c.) için üzerinize herhangi ağır bir yük aldınız mı? Bu sayılan iyi amellerden hiç birini yapmamışsanız, sizin Allah sevgisi iddianız ne dünyada ne de Ahirette, ne insanlar gözünde ne Allah katında bir şeye yaramayan boş bir sözden ibarettir.

Hz. Ali (keremullahu vecheh) şöyle der: "Cenneti seven kimse iyiliklere koşar. Cehennemde korkan kimse, nefsini aşırı arzularından alıkoyar. Ölümün kaçınılmazlığına inanan kimsenin gözünde dünyalık hazlar önemsizleşir."

İbrahim el-Havvas'a (rahimehullah); "Muhabbet nedir?" diye sorarlar. Şu cevabı verir: "İstekleri yok etmek, bütün hacet ve sıfatları yakmak ve kulun kendisini işaretler denizine daldırmasıdır."

ALLAH'A İTAAT ONU VE RASULÜNÜ SEVMEK

Yüce Allah (c.c.) buyuruyor:

"De ki; eğer Allah'ı seviyorsanız, bana uyunuz ki Allah da sizi sevsin." (Âl-i İmrân Süresi, 31)

Allah'ın rahmeti üzerinde olsun; bil ki kulun Allah'ı ve Onun Resulünü sevmesi, onlara boyun eğmek, onların emrine uymakla olur. Allah'ın kullarını sevmesi de onlara mağfiret suretiyle ikramda bulunmasıdır.

Denilir ki kul gerçek kemâlin yalnız Allah'ta olduğunu, kendisinde veya başkasında gördüğü her kemâlin (gerçek kemalin) Allah'tan ve Allah sayesinde olduğunu bilince, ne Allah'tan başkasını sevebilir ve ne de Allah'a dayanmayan bir sevgiye gönlünde yer verebilir.

Bu bilgi de Allah'a ibadet etmek istediğini, ona yaklaştıracak davranışları arzu etmeyi gerektirir. Böyle olduğu için Allah sevgisi, ibadet isteği ile yorumlanmış ve yine bu sevgi, ibadet ederken peygamberimize (s.a.v.) uyma ve ona itaate teşvik şartına bağlanmıştır.

Hasan el-Basri'den (rahimehullah) rivayet edildiğine göre peygamberimizin (s.a.v.) zamanında bir takım kimselerin; "Ey Muhammed! Biz Rabbimizi çok severiz," demeleri üzerine yukarıdaki ayeti kerime inmiştir.

Bişr el-Hafi (r.a.) diyor ki: "Bir gece peygamberimizi (s.a.v.) rüyamda gördüm, bana dedi ki: 'Ey Bişr! Allah senin dereceni arkadaşların arasında neden yüksek kıldı, biliyor musun?' Ben de; 'Hayır, Ya Resulallah' diye cevap verdim. Bunun üzerine peygamberimiz (s.a.v.): 'Salihlere hizmet ettiğin için mümin kardeşlerine nasihat ettiğin için dostlarını ve yolumdan ayrılmayanları sevdiğin için ve yolumdan gittiğin için,' diye kendi sorusuna cevap verdi."

Peygamberimiz (s.a.v.) buyuruyor ki: "Benim sünnetimi ihya eden beni sevmiş olur, beni sevenler de kıyamet günü cennette benimle birlikte olurlar."

Bize kadar intikal eden bütün meşhur İslami eserlerde belirtildiğine göre ahlâkın savunulduğu ve halkın çeşit çeşit mezheplere kapıldığı zamanlarda resullerin efendisi olan peygamberimizin sünnetine sıkı sarılanlara yüz şehit sevabı verilecektir.

Yine peygamberimiz (s.a.v.) şöyle buyurur: "Bana yüz çevirenler müstesna, ümmetimin hepsi cennete girecektir." Sahabeler sordular: "Ey Allah'ın Resulü! Yüz çevirenler, kimlerdir?" sözlerine şöyle devam etti: "Kim bana uyarsa cennete girecek, bana isyan edenler, bana yüz çevirmişler, demektir. Sünnetime uygun olarak yapılmayan her iş, isyandır."

Ehl-i tasavvuftan biri der ki: "Allah'ın farz kıldığı ibadetlerden birini, bile bile terk eden veya sünnetlerden birine bilerek uymayan bir şeyhi havada uçarken, denizde yürürken, ateş yerken veya daha başka olağanüstü davranışlar gösterirken görseniz, bütün bunlara rağmen adamın davasında yalancı olduğunu, gösterdiği olağanüstülüklerin keramet değil, olsa olsa istidrac olduğunu biliniz. Allah böyle kimselerden cümlemizi korusun."

Cüneyd el-Bağdadî (rehimehullah) der ki: "Allah'a ancak yine Allah'ın sayesinde ulaşılabilir, Allah'a ulaşmanın yolu da peygamberimizin (s.a.v.) yoludur."

Ahmed el-Hıvârî (rehimehullah) der ki: "Sünnete uymaksızın işlenen her amel batıldır."

Nitekim peygamberimiz (s.a.v.) şöyle buyurur: (Şir'a-tül-İslamda bildirilmiştir.) "Sünnetimi yozlaştıranlar şefaatimden mahrum kalırlar."

Hikâye edildiğine göre adamın biri, bir delinin bilmediği bir işini görür ve durumu Ma'ruf ul-Kerhî'ye (rahimehullah) bildirir. Ma'ruf gülümseyerek der ki: "Kardeşim! Allah'ı sevenler içinde küçüğü, büyüğü, akıllısı, delisi vardır. Senin gördüğün bu adam, onların delillerinden biridir."

Cüneyd el-Bağdadi (rahimehullah) der ki: "Bir gün şeyhimiz Sırrî (rahimehullah) hastalandı; hastalığının ne sebebini anlayabildik ve ne de nasıl tedavi edileceğini bilebildik. Bize mütehassıs bir doktor tavsiye ettiler, şeyhin idrarını bir şişeye koyarak ona götürdük, doktor idrara uzun uzadıya baktı. Sonra bize dönerek: 'Zannederim bu idrar âşık birine aittir.' dedi. Ben bir nâra atarak bayılmışım, idrar şişesi de elimden düşmüş. Dönünce Sırrî'ye durumu anlattım, gülümseyerek; 'Allah canını almasın, nasıl da gördü!' diye cevap verdi. Ben de; 'Şeyhim, demek ki muhabbet idrardan bile belli olurmuş,' dedim, bana; 'Tabii,' karşılığını verdi."

Fudayî (rehimehuîlah) der ki: "Sana, Allah'ı seviyor musun, diye sordukları zaman, sus, cevap verme. Çünkü hayır, diyecek olsan imandan çıkarsın, buna karşılık evet, diyecek olsan ve Allah'ı sevenlere yakışmayacak tavsifde bulunsan Allah'ın gazabından kork."

Süfyan (rahimehullah) der ki: "Allah'ı sevenleri seven kimse, aslında Allah'ı seviyor, demektir. Allah'a ikram eden kimselere ikram eden kimse, aslında Allah'a ikram ediyor, demektir."

Sehl (rahimehullah) der ki: "Allah'ı sevmenin alâmeti Kur'an-ı Kerim'i sevmektir. Allah ve Kur'an sevgisinin alâmeti ise Peygamber'i (s.a.v.) sevmektir. Peygamber (s.a.v.)'in sevgisinin alâmeti ise sünneti sevmektir. Sünneti sevmenin alâmet ise Ahireti sevmektir. Ahireti sevmenin alâmeti ise dünyadan hoşlanmamaktır. Dünyadan hoşlanmamanın alâmeti de Ahiret azığı olabilecek kadarının dışında onun varlığından uzak durmaktır."

Ebul Hasan ez-Zencanî (rahimehullah) der ki: "İbadet binasının temeli üç direk üzerinde oturur. Göz, kalp ve dil. Gözün ibadeti, ibret almakladır. Kalbin ibadeti, düşünmek ve duymakladır. Dilin ibadeti ise doğru konuşmak ve Allah'ı zikretmekle olur. Nitekim Yüce Allah şöyle buyurur: "Ey iman edenler! Allah'ı çok çok zikrediniz. Onu sabah akşam noksan sıfatlardan tenzih ediniz." (Ahzâb Süresi, 41)

Anlatıldığına göre; bir gün Abdullah ile Ahmed İbni Hab bir yerde birlikte bulunuyorlardı. Bu arada Ahmed İbni Hab yerden bir ot kopardı. Bunun üzerine Abdullah ona dedi ki: "Bu hareket sana beş şeye mal oldu:

1- Bu hareketle kalbini Allah'ı teşbih etmekten alıkoydun.

2- Bu hareketle kendini Allah'ın zikrinden başka bir işle oyalanmaya alıştırdın.

3- Bu hareketinle başkalarının da aynı davranışta bulunmalarına önayak oldun.

4- O ot parçasını Allah'ı teşbih etmekten alıkoydun.

5- Bu hareketinle kıyamet günü Allah'a kendi aleyhinde bir delil meydana getirdin." (Ravnak-ül-Mücanis'te böyle anlatılmıştır.)

Sırrî (r.a.) der ki: "Bir gün Gürcanî'yi kavrulmuş un yutarken gördüm; 'Neden başka bir şey yemiyorsun?' diye sordum; bana şöyle dedi: 'Yiyeceği çiğnemek ile yutmak arasında yetmiş tesbihlik bir zaman geçtiğini hesap ettim, o yüzden kırk yıldır hiç ekmek çiğnemedim."

Nakledildiğine göre Sehl İbni Abdillah on beş günde bir yemek yerdi. Bütün Ramazan ayı boyunca sadece bir kere yemek yerdi. Bazen yetmiş gün geçer de hiç yemek yemediği olurdu. Yemek yediği zaman zayıflar, aç kalınca kuvvetlendiği görülürdü. Mescid-i Haram'da otuz yıl Ebû Hammâd el-Esved'e komşu oldu da yerken veya içerken hiç görülmedi, her an Allah'ı zikrederdi.

Anlatıldığına göre Amr İbni Ubeyd (rahimehullah) yalnız şu üç şey için evinden dışarı çıkardı:

1- Cemaatle namaz kılmak

2- Hasta ziyaret etmek

3- Cenaze namazı kılmak

O derdi ki: "İnsanları hırsız ve yankesici olarak görüyorum. Ömür, paha biçilmez bir nadide mücevherdir. Ondan Ahirete kalacak bir hazine doldurmak gerekir. İyi bilmelisiniz ki Ahirete talip olanların dünya hayatından el etek çekmeleri gerekir. Ancak o zaman kulun ulaşmak istediği hedef tek olur ve içi ile dışı arasında uyumsuzluk kalmaz. Böyle bir hali muhafaza etmek ancak kulun içini ve dışını devamlı kontrol altında tutması ile mümkündür."

İmam-ı Şiblî (rahimehullah) der ki: "İlk intisap ettiğim günlerde uykum bastırınca göz kapaklarıma tuz sürerdim. Durum daha da ağırlaşınca mili kızdırıp göz kapaklarıma sürme çekerdim."

İbrahim İbni Hâkim der ki: "Babamın uykusu geldiği zaman, denize girer yüzmeye başlardı, o yüzerken denizdeki balıklar etrafına üşüşür, onunla birlikte teşbih ederlerdi."

Anlatıldığına göre Vehb İbni Münebbih (rahimehullah), geceleyin uyuma ihtiyacını üzerinden kaldırması için Allah'a dua etmiş ve duası kabul edilerek kırk yıl hiç uykusu gelmemiştir.

Hasan el-Hallâc (rahimehullah), kendi kendine topuğundan dizine kadar on üç pranga vurur ve bu durumda her gün ve gece bin rekât namaz kılardı.

Cüneyd ül-Bağdadî (rahimehullah) ilk intisap ettiği günlerde çarşıya gelir, dükkânını açar, içeri girer ve hemen namaza dururdu. Dört yüz rekât kıldıktan sonra evine dönerdi.

Habeşî İbni Davud'un (rahimehullah) kırk yıl yatsı abdesti ile sabah namazı kıldığı bildirilmiştir.

Müminin her zaman abdestli bulunması gerekir. Her abdest bozduğunda abdest tazeleyerek iki rekât namaz kılmalıdır. Nerede oturursa otursun, kıbleye yüzünün dönük bulunmasına dikkat etmesi gerekir. Kendisini daima peygamberimizin (s.a.v.) huzurunda oturuyormuş gibi farz ederek ona göre kendisine çeki düzen vermelidir. Ta ki bu düşünce altında her hareketi vakar ve ağırbaşlı olsun, kabalıklara katlanarak her çirkin harekete karşılık vermesin, kusurlarına karşılık hemen istiğfar etsin, kendini ve amelini beğenip böbürlenmesin. Çünkü kendini beğenmek, şeytanın sıfatlarındandır. Tersine kendini küçümsesin, buna karşılık salihlere hürmet ve mühimseme nazarı ile baksın. Çünkü salihlere hürmet etmeyi bilmeyenleri Allah (c.c), onlarla bir arada bulunma nimetinden mahrum eder. İbadete hürmet etmeyi bilmeyenlerin de Allah, kalplerinden ibadet lezzetini çıkarır.

Anlatıldığına göre Ebu Ali, Fudayl İbni İyad'a (rahimehullah) sordular ki: "Ey Şeyh! İnsan ne zaman salih sıfatını kazanır?" O şöyle cevap verdi: "Kulun niyeti, başkalarına nasihat etmek, kalbinde Allah korkusu, dilinde doğru sözlülük bulunması ve bütün davranışları salih amel olduğu zaman o kimse salih sıfatını taşımaya hak kazanır." Yüce Allah Mi'rac'da peygamberimize; "Ey Ahmed! Eğer insanların günahlarından kaçanı ve dünyadan en el etek çekeni olmak istiyorsan, Ahirete yönel!" diye buyurdu. Peygamberimiz: "Dünyadan nasıl el etek çekeyim?" diye sordu. Yüce Allah: "Dünya varlığı olarak, sadece yiyecek, içecek ve giyecek kadarını yanında bulundur. Yarın için hiç bir şey biriktirme, hiç durmadan beni zikret," diye buyurdu.

Bunun üzerine peygamberimiz: "Allah'ım! Seni nasıl devamlı zikredeyim," diye sordu. Yüce Allah: "İnsanlardan uzak durmakla; uykunu namaz, yemeğini açlık yapmakla," diye buyurdu.

Nitekim peygamberimiz (s.a.v.) buyuruyor ki: "Dünyadan uzak durmak hem bedeni ve hem de kalbi huzura kavuşturur. Buna karşılık dünya tutkunluğu keder ve üzüntüyü artırır. Dünya sevgisi, her günahın başıdır, ondan uzak durmak da her iyilik ve ibadetin ilk adımıdır."

Anlatıldığına göre salihlerden biri bir cemaatin yanından geçiyordu. Baktı ki bir doktor, hastalıkları sayıyor ve bahsettiği her hastalığın nasıl tedavi edileceğini tarif ediyor. Salih kişi doktora seslendi: "Ey bedenlerin tedavi edicisi! Kalpleri de tedavi edebilir misin?" Doktor: "Evet, hastalığını bana anlat," dedi. Salih kimse; "Bahsettiğim kalbi, atışında da büzülüşünde de günahlar karartmıştır. Onun tedavisi var mıdır?" dedi. Doktor şu cevabı verdi: "Böyle bir kalbin ilâcı, gece gündüz Allah'a yalvarmak, yakarmak, ondan af dilemek, ona ibadet etmeye koyulmak, ondan özür dilemektir. Kalplerin tedavisi böyledir; şifa ise gaybların bilicisi olan Allah'tandır."

Doktordan bu cevabı alan salih kişi yüksek bir nâra atarak, ağlaya ağlaya yoluna devam etti. Yürürken şöyle dedi: "Sen ne iyi doktorsun, kalbimin tedavisini doğru bildin." Doktor sözlerini şöyle bitirdi: "Bu tarifim, tövbe ederek kalbiyle tövbelerin kabul edicisi olan Allah'a yönelenlerin tedavisidir."

Anlatıldığına göre; adamın biri bir köle satın alır. Köle efendisine der ki: "Efendim, aramızda şu üç şart bulunacak:

1- Vakit geldiğinde farz namazları kılmama engel olmayacaksın,

2- Gündüz bana ne iş buyurursan buyur, geceleri bana iş vermeyeceksin.

3- Evinde bana, benden başka hiç kimsenin giremeyeceği bir oda ayıracaksın."

Adam köleye; "Bu şartlarını kabul ediyorum, kalk evleri gez, kendine bir oda seç," der. Evleri dolaşan köle orada yıkık bir ev bulunca; "Burayı seçtim," der. Adam: "Oğlum, neden yıkık bir ev seçtin?" der. Köle: "Efendim, Allah ile birlikte olunca yıkıntıların bakımlı bahçe gibi olduğunu bilmiyor musunuz?" der.

Köle gündüzleri efendisine hizmet eder, geceleri Allah'a ibadete ayırırdı. Bu böyle devam edip giderken bir gece efendi evi gezmeye çıkar, kölenin kapısı önüne varınca odayı apaydınlık içinde ve köleyi de secdeye kapanmış görür, başından aşağı yerle gök arasına asılmış bir kandil göz kamaştırıcı bir ışık saçmaktadır. Köle Allah'a şu sözlerle yalvarıp seslenmektedir: "Allah'ım! Efendimin hakkını omuzlarıma yükledin, ben de ona gündüzleri hizmet ediyorum. Eğer böyle olmasaydı hem gecemi hem gündüzümü sadece sana ibadet ederek geçirirdim. Beni mazur gör, ya Rabbi."

Köle secdeye kapanmış böyle dua ederken efendisi ondan gözlerini ayırmıyor, nihayet tanyeri ağarır, kandil geri alınır ve odanın tavanı geriye kapanır. Adam geri döner, varıp olup bitenleri karısına anlatır. Ertesi gece olunca bu sefer karısının elinden tutarak odanın kapısı önüne ikisi gelirler. Köle yine secdeye kapanmıştır, kandil yine başından aşağı sarkmıştır. Karı koca kapının önünde dikilip gözyaşları içinde köleye bakarlar. Sonunda yine gün ağarır.

Bunun üzerine efendi köleyi çağırarak ona der ki: "Sen Allah rızası için azatsın, böylelikle kendini artık tamamen kendisine mazeret beyan ettiğinin (Allah'ın) ibadetine verebilesin."

Köle ellerini havaya kaldırarak şu beyti söyler: "Ey sır sahibi! Artık o sır açığa çıktı.

Halim başkalarına malum olduktan sonra artık yaşamak istemiyorum."

Sonra Allah'a şöyle yalvarır: "Allah'ım! Senden ölüm istiyorum." Duası biter bitmez derhal yere düşer ve ölür.

İşte salihlerin, Allah âşıklarının ve onun rızası peşinde koşanların hali!

Zehrür-Riyaz'da rivayet edildiğine göre; Hz. Musa (a.s.)'nın samimi bir arkadaşı vardı, birlikte hoş vakit geçirirlerdi. Bir gün dostu Hz. Musa'ya; "Allah'a yalvar, kendini bana iyice tanıtsın," der. Dostunun ricasına uyarak Allah'a dua eden Hz. Musa'nın duası kabul edilir.

Bir müddet sonra Hz. Musa'nın dostu dağlara düşer, vahşî hayvanlara karışır, Musa onu iyice kaybetmiştir. Allah'a şöyle yakarır. "Rabbim! O benim yakın dostum, kardeşimdi. Şimdi onu kaybettim." Gizli bir ses ona der ki: "Ey Musa! Beni iyice tanıyan kimse artık hiç bir insanoğlu ile düşüp kalkmaz."

Rivayete göre; bir gün Hz. Yahya (a.s.) ile Hz. İsa (a.s,) çarşıda yürürken karşıdan gelen bir kadın aralarından çarparak geçer.

Hz. Yahya:

"Vallahi ben bir şey anlamadım." der.

Hz. Isa, Yahya'ya; "Suphanallah! Vücudun yanımda ama kalbin nerede?" der.

Hz. Yahya şöyle karşılık verir:

"Ey Halam oğlu, göz kapayıp açasıya kadar bile kalbim Allah'ımdan başkası ile irtibat kursa Allah'ı tanımadığımı anlarım."

Bildirildiğine göre; Allah'ı gerçekten tanımak, dünya ve Ahiretin her ikisinden sıyrılarak sırf Allah'a yönelmek, muhabbet şarabı ile bir kere sarhoş olduktan sonra onun cemalini görünceye kadar ayılmamaktır. O kimse, rabbinin nuru içindedir.

İBLİS VE AZABINI BEYAN

Yüce Allah (c. c.) şöyle buyuruyor:

"Eğer dönerlerse (Allah'ın emrine uymaz ve Resulünün gösterdiği yoldan yüz çevirirlerse) bilsinler ki Allah kâfirleri sevmez (Onların ne tövbelerini kabul eder ve ne de günahlarını bağışlar.)" (Âl i İmrân Süresi, 32)

Nitekim Yüce Allah, kendini büyük görüp Allah'ın uluğunu kabul etmediği için iblisin tövbesini kabul etmemiştir. Buna karşılık Hz. Âdem'e tövbe etmeyi ilham etmesi ve tövbesini kabul etmesi, kendi dili ile günahını itiraf etmesi, pişmanlık duyması ve kendini suçlamasından dolayıdır.

Üstelik Hz. Âdem'in (a.s.) işlediği kusur, gerçek manada günah sayılmaz. Çünkü peygamberler (Allah'ın selâmı üzerlerine olsun) masumdurlar. Âlimler tarafından kabul edilen sahih görüşe göre ne peygamber olmadan önce ve ne de peygamberken günah işlemezler, günaha düşmekten korunmuşlardır. Hz. Âdem'in (a.s.) kusuru, sadece görünüşte günahtır. Buna rağmen o ve Havva, Allah'a şöyle seslenmişlerdir: (Kur'an-ı Kerim'de Yüce Allah bize onların yakarışını şöyle bildirmektedir) "Ey Rabbimiz! Biz kendi kendimize zulmettik. Eğer sen bizi bağışlamaz, bize merhamet etmezsen, hiç şüphesiz hüsrana uğrayanlardan olacağız." (Araf Süresi, 23)

Görülüyor ki Hz. Âdem (a.s.) ve Havva yaptıklarına pişman olarak hemen tövbeye yönelmişler ve Allah'ın rahmetinden ümit kesmemişlerdir.

Nitekim Yüce Allah şöyle buyuruyor: "Allah'ın rahmetinden sakın ümit kesmeyiniz!" (Zumer Süresi, 53)

İblise gelince, o ne günahını itiraf etmiş ne yaptığına pişman olmuş ne kendini suçlamış ve ne de tövbe etmeye yönelmiş, üstelik de Allah'ın rahmetinden ümit kesmiş, kendini beğenmiştir.

Her kim ki tutumu şeytan gibi olursa tövbesi kabul edilmez. Buna karşılık günah işledikten sonraki tavrı Hz. Âdem (a.s.) gibi olanların tövbelerini Allah kabul eder. Çünkü kaynağı nefsi arzuların azgınlığı olan her günahın affedilmesi umulur ama kendini beğenmişliğe dayanan hiç bir günahın affedilmesi beklenemez. Hz. Âdem'in (a.s.) kusuru nefsî arzuların azgınlığına dayanıyorken, şeytanın günahı ise kendini beğenmişlikten ileri geliyordu.

Anlatıldığına göre İblis bir gün Hz. Musa'ya (a.s.) gelir ve ona şöyle sorar: "Allah'ın kendisine elçi olarak seçtiği ve zaman zaman konuştuğu kimse sen misin?"

Hz. Musa:

"Evet, fakat sen kimsin ve ne istiyorsun?" diye karşılık verir. Şeytan kendini tanıtmadan Hz. Musa'ya (a.s.) şu teklifte bulunur: "Allah'ına bildir ki yarattıklarından biri, senden tövbesinin kabul edilmesini diliyor."

Bunun üzerine Allah'tan Hz. Musa'ya (a.s.) şu vahiy gelir: "Ey Musa, ona de ki senin hatırın için dileğini kabul ediyorum. Yalnız ona Hz. Âdem'in kabrine secde etmesini söyle. Eğer secde ederse tövbesini kabul ederek günahlarını bağışlayacağım." Hz. Musa (a.s.) durumu şeytana bildirince o küplere biner, eski büyüklenme edasını yine takınarak şöyle der: "Ey Musa! Ben ona cennette iken secde etmemişken şimdi ölüsüne mi secde edeceğim."

Rivayete göre cehennemde İblisin azabı ağırlaştırılır ve ona; "Allah'ın azabını nasıl buluyorsun?" diye sorulur, "Olabileceğinden daha ağır," diye cevap verir. Bunun üzerine ona denir ki: "Âdem, cennet bahçelerindedir. Ona secde et, özür dile de bağışlanasın." Fakat o bu teklifi kabul etmeye yanaşmaz, bunun üzerine çektiği azap, bütün cehennemliklerin azabının yetmiş bin katı kadar ağırlaştırılır.

Haberde bildirildiğine göre; Yüce Allah, her yüz bin senelik azap devresinden sonra şeytanı cehennemden çıkarır ve Hz. Âdem'i (a.s.) cennetten çıkararak şeytana ona secde etmesini emreder fakat şeytan bu emre uymaya yanaşmayınca yeniden ateşe atılır.

Kardeşlerim! Şeytan'dan kurtulmak istiyorsanız, Allah'a sarılınız, ona sığınınız.

Kıyamet günü gelince meydana ateşten bir kürsi kurulur, üzerine iblis çıkar, bütün şeytanlar ve kâfirler çevresinde toplanır, sesi anıran bir eşek sesi gibidir, şöyle konuşur: "Ey cehennemlikler! Allah'ın daha evvel vadettiklerini bugün nasıl buldunuz?" Etrafındakiler hep bir ağızdan; "Hepsi doğruymuş," derler.

Şeytan da onlara der ki: "Bu gün merhametten umut kestiğim bir gündür." Bunun üzerine Allah meleklere onu ve yardakçılarını ateşten topuzlarla dövmelerini emreder. Ebediyen çıkarma emri duymaksızın kırk sene burada işkence çekerler. Cehennem azabından Allah'a sığınırız.

Anlatıldığına göre; kıyamet günü iblis mahşere getirilir, daha önce kurulan ateşten bir koltuğa oturması emredilir. Boynunda lanet halkası vardır. Allah azap meleklerine onu oturduğu koltuktan sürükleyerek cehenneme atmalarını emreder. Fakat boynundaki halkaya asılan melekler, onu sürüklemeyi başaramazlar.

Bunun üzerine Allah Cebrail'e yanına seksen bin melek alarak onu cehenneme çekmelerini emreder fakat o da başaramaz. Arkasından Allah İsrafil ve Azrail'e de yanlarına alacakları seksen biner kişi ile birlikte aynı emri verir fakat bunlar da onu yerinden kıpırdatamaz. Bunun üzerine Allah buyurur ki: "Boynunda o lanet halkası varken yaratmış olduğum bütün meleklerin bir kaç katı bile bir araya gelseler, onu cehenneme taşıyamazlar."

Anlatıldığına göre; iblisin birinci kat gökte iken ismi "Abid", ikinci kat gökte iken ismi "Zahid"; üçüncü kat gökte iken ismi "Arif, dördüncü kat gökte iken ismi "Veli", beşinci kat gökte iken adı "Takı", altıncı kat gökte iken adı "Hâzin", yedinci kat gökte iken adı "Azâzil" idi.

Fakat Levh-i Mahfuz'daki adı, "İblis" idi, o sonunda başına gelecek olanları bilmiyordu.

Yüce Allah kendisine Hz. Âdem'e (a.s.) secde etmesini emredince Allah'a dedi ki: "Onu benden üstün mü tutuyorsun? Ben ondan daha hayırlıyım. Beni ateşten onu ise çamurdan yarattın." Allah şeytana; "Ben dilediğimi yaparım," diye cevap verdi.

Kendini daha şerefli gördüğü için burun kıvırarak ve tepeden bakarak Hz. Âdem'e (a.s.) secde edeceği yerde arkasını çevirdi, diğer bütün melekler bu emre uyarak kapandıkları secdede uzun bir müddet beklerken o sipsivri olarak ayakta kaldı. Melekler başlarını kaldırıp da onun kendileri ile birlikte secde etmemiş olduğunu görünce şükür maksadı ile ikinci sefer secdeye kapandılar. O ise arkadaşlarına yan yan bakmış, onlara katılmayı asla düşünmemiş ve Allah'ın emrine âsi oldum diye hiç bir pişmanlık duymamış yine tek başına ayakta kalmıştır.

Bunun üzerine Allah yakışıklı vücudunu bozdu, onu domuz suretine çevirdi, başını deve başı ve göğsünü büyük deve hörgücü biçimine koydu. Yüzü maymun yüzüne döndü, gözleri yüzü boyunca uzanan iki yarık halini aldı, burun delikleri hacamat çanağı gibi açıldı, dudakları öküzünkilere döndü, azı dişleri domuzunkiler gibi ağzından dışarıya fırladı, sakalı yolundu, çenesinde sadece yedi seyrek tüy kaldı.

Allah onu önce cennetten, sonra gökten ve daha sonra yeryüzünden kovarak adalara sürdü. Şimdi yeryüzüne ancak gizli gizli ayak basabiliyor. Kâfirlerden biri olduğu için Allah'ın laneti kıyamet gününe kadar onunla birliktedir.

Oysaki daha önce yakışıklı, dört kanatlı, bilgili, çok ibadet işleyen, meleklerin tavusu ve en büyüğü olan, daha birçok imrenilir sıfatlar taşıyan bir kimse idi. Bunların hiçbirisinin ona faydası olmadı. Bundan herkesin ibret alması gerekir.

Söylendiğine göre; İblis tuzağa düşürülünce Cebrail ve Mikâil ağlamaya başlarlar. Allah, onlara; "Niye ağlıyorsunuz?" diye sorar. Onlar da; "Sana varan yolda tuzağa düşmeyeceğimizden emin değiliz," derler. Yüce Allah da onlara; "İşte öyle olunuz, benim yolumda tuzağa düşmeyeceğinize hiç bir zaman güvenmeyiniz," buyurur.

Anlatıldığına göre; İblis Allah'ın katından kovulunca Yüce Allah'a der ki: "Ey Rabbim! Âdem yüzünden beni cennetten kovdun. Ben ondan kendi başıma öç alamam ancak sen beni üzerine salarsan öcümü alabilirim..."

Allah ona; "Seni onun oğulları üzerine salıyorum çünkü peygamberler senin tuzağından korunmuşlardır," diye karşılık verir. O: "Daha başka imkânlar istiyorum," der. Allah ona; "Onun soyundan gelen her çocuğa karşılık senin soyun iki kat hızla üreyecek," diye cevap verir. Şeytan yine; "Daha da isterim," der. Allah: "Onun soyundan gelenlerin kalpleri senin yatağındır, onların damarlarında dolaşabilirsin," diye karşılık verir.

Şeytan: "Daha da isterim," der. Allah ona; "Atlı, yaya bütün yardakçılarını onun soyundan gelenlerin üzerine sal, mallarına ortak ol, yani haram yollardan kazanarak meşru olmayan yerlere sarf etmelerini sağlamaya çalış. Çocuklarına ortak ol, yani onların haram yollardan veya günah olan çiftleşme şekilleri ile çocuk peydahlamalarına çalış, çocuklarına putperestlik inancını hortlatan isimler taktırmaya çalış, batıl dinlere ve gayrı meşru mesleklere yönlendirilmelerine sebep ol. Onları kandırabilmek için bol bol asılsız vaatlerde bulun. Meselâ putların koruyuculuğuna güvenmelerini sağlamaya çalış. Babalarının soyluluğundan medet ummayı tavsiye et, tövbeyi sonraya bırakabilecekleri hususunda onları kandırmaya çalış." diye cevap verdi. Ama Allah'ın tavsiyesi tehdit yolu ile olmuştur. Nitekim "Dilediğinizi yapın," ayetinde de durum böyledir.

Şeytanın bu tuzağına karşı Hz. Âdem (a.s.) de Allah'a der ki: "Ya Rabbi! Onu benim üzerime saldın eğer senin yardımın olmazsa ona karşı kendimi savunamam." Allah Hz. Âdem'e; "Senin soyundan her yeni doğan çocuğun başına meleklerden bir koruyucu veriyorum," diye cevap verir. Hz. Âdem: "Daha çok isterim," der. Allah: "İyiliklerin mükâfatı on kattır," diye karşılık verir. Hz. Âdem: "Daha da isterim," der. Allah: "Zürriyetinin canları çıkmadıkça tövbe etme imkânını ellerinden almam," diye cevap verir. Hz. Âdem: "Daha da isterim," der. Nihayet Allah: "İnce eleyip sık dokumadan onları affederim," diye cevap verince Hz. Âdem: "Bununla yetiniyorum," der.

Bunun üzerine İblis tekrar ortaya çıkarak der ki: "Ya Rabbi! Âdem'in soyundan peygamberler yarattın, onlara kitaplar indirdin, hani benim elçilerim?"

Allah (cc): "Kâhinler" diye cevap verir. Şeytan: "Kitaplarım ne olacak?" diye sorar. Allah (cc): "Vücutlara döğmeler yolu ile işlenen yazı ve resimler," cevabını verir. Şeytan: "Sözüm ne olacak?" der. Allah (cc): "Yalan" diye karşılık verir. Şeytan: "Kur'an'ım ne olacak?" der. Allah (cc): "Şiir" diye cevap verir. Şeytan: "Müezzinim kim olacak?" der. Allah (cc): "Çalgı âletleri" diye cevap verir. Şeytan: "Mescidim neresi?" der. Allah (cc): "Çarşı ve pazar" diye karşılık verir. Şeytan: "Evim neresi?" diye sorar. Allah (cc): "Hamam" diye cevap verir. Şeytan: "Yiyeceğim ne olacak?" der. Allah (cc): "Üzerinde adım anılmayan her türlü gıda maddesi," diye karşılık verir. Şeytan: "Ne içeceğim?" der. Allah (cc): "Sarhoşluk veren bütün içecekler senin," karşılığını verir. Şeytan: "Tuzaklarım neler olacak?" der. Allah (cc): "Kadınlar" cevabını verir.

ŞEYTANIN DÜŞMANLIĞI

Her müminin, âlimleri ve salihleri sevmesi, onlar ile düşüp kalkmayı huy edinmesi, gereken bilgileri onlara sorup öğrenmesi, nasihatlerini tutması, çirkin davranışlardan kaçınması ve şeytanı düşman bilmesi gerekir.

Nitekim Yüce Allah (c. c.) şöyle buyuruyor: "Şeytan size düşmandır, siz de onu kendinize düşman edinin..." (Fâtır Süresi, 6)

Yani Allah'ın emrine uyarak şeytana karşı çıkın, yoksa Allah'ın emirlerine karşı gelerek ona uymayın. Bütün tutumlarınızda, davranışlarınızda ve inançlarınızda samimiyetle ondan sakının.

Yaptığınız her işte şuurlu olun. Çünkü onun içinize riya sokması, çirkin davranışları gözünüzde süslemesi her zaman mümkündür. Ona karşı koyarken Allah'tan yardım dileyin.

Abdullah İbni Mes'ud (r.a.) der ki: "Bir gün peygamberimiz (s.a.v.) bize bir çizgi çizdi; "İşte bu, Allah'ın yoludur," dedi. Sonra onun sağından ve solundan birkaç çizgi daha çizdi ve şöyle dedi: "Bunların her biri de birer yan yoldur, her birinin üzerinde bu yan yollara sapmaya çağıran birer şeytan vardır." Arkasından bize şu ayet-i kerimeyi okudu: "Hiç şüphesiz, bu benim dosdoğru yolumdur, hep birlikte bunu takip ediniz. Yan yollara sapmayınız ki O'nun dosdoğru yolundan sizi ayırmasınlar. Allah bunları size kötülükten sakınasınız diye emretmektedir." (Enam Süresi, 153)

Ayeti okuduktan sonra, peygamberimiz (s.a.v.) bize şeytanın yollarının çokluğu hakkında açıklama yaptı.

Peygamberimizden naklen bildirildiğine göre; şöyle buyurmuştur: "Benî İsrail zamanında bir rahip vardı. Şeytan bir genç kıza saldırarak onu boğmaya çalışır. Sonra da ailesine kızlarını rahibin tedavi edebileceğini söyler; ailesi de kızı rahibe götürür.

Rahip önce kızı tedavi etmeye yanaşmaz fakat ailesinin ısrarlarına dayanamayarak kabul eder. Tedavi için kız rahibin yanında bulunduğu sırada şeytan hemen rahibe koşar. Onu kızın ırzına geçmeye teşvik eder. Rahip bir müddet direnirse de sonunda şeytana yenilir ve hastasının ırzına geçer, genç kız gebe kalır.

Bunun üzerine şeytan rahibe yeniden sokularak der ki: "Kızın ailesi yakında gelir, durumu öğrenirler ise rezil olursun. En iyisi onu öldür, ailesi sorarsa; "Kızınız öldü," dersin. Rahip şeytanın teklifini kabul eder, genç kızı öldürerek gizlice gömer.

Bu sırada şeytan yine boş durmaz. Hemen genç kızın ailesine koşar. "Rahip kızınızı önce gebe bıraktı, sonra da öldürüp gizlice gömdü," diye olup biteni anlatıp kalplerine vesvese verir.

Bunun üzerine kızın yakınları, rahibe koşarlar; "Kız nerede?" diye sorarlar; rahip şeytanın öğrettiği cevabı verir: "Öldü" der. Durumu gelmeden önce şeytandan öğrenen kız yakınları rahibi yakalayıp götürürler, kızlarına karşılık onu öldürmeye karar verirler.

Bu sırada şeytan hemen rahibe koşar: "Kızın hastalığına ben sebep oldum, onu sana getirmelerini tavsiye eden de benim. Şimdi de benim dediklerimi yaparsan seni onların ellerinden kurtarırım," der. "Can korkusuna düşen rahip: "Ne yapmamı istiyorsun?" diye sorar.

Şeytan: "Bana iki kere secde edeceksin," der. Çaresiz rahip şeytanın teklifini kabul ederek ona üst üste iki secde yapar. Her şeyi istediği gibi sonuçlandıran şeytan ikinci secdeden başını kaldıran rahibe son sözlerini söyler: "Seninle artık hiçbir ilgim yok," der ve kaybolur.

Yüce Allah (c.c.) bu kıssa hakkında şöyle buyuruyor: Yahudileri savaşa kışkırtan münafıkların sözleri, tıpkı şeytanın tutumu gibidir. Hani şeytan insana önce "küfret" demiş de insan küfredince; "Ben senden uzağım çünkü ben âlemlerin Rabbinden korkarım," demişti." (Haşr Süresi, 16)

Rivayete göre İblis bir gün İmam-ı Şafiî'ye (rahimehullah) sorar: "Ey İmam! Beni dilediği gibi yaratan ve dilediği yolda kullanan, sonra da dilerse cennete koyacak ve dilerse cehenneme gönderecek olan Allah hakkında ne düşünüyorsun, tutumunda adil midir, yoksa zalim mi?"

Şafiî onun bu sözünü düşünür sonra şöyle cevap verir: "Behey herif! Eğer seni senin arzuna uyarak yarattı ise sana zulmetmiştir, yok eğer kendi muradına binaen seni var etti ise o, yaptığından mesul değildir."

Şeytan aldığı cevabın karşısında öyle perişan oldu ki nerede ise yerin dibine, geçecekti. Fakat çok geçmeden kendisini toparlayarak Şafiî'ye dedi ki: "Ey İmam! Ben bu soru ile yetmiş bin abidin zihnini bulandırarak onları kulluk divanından çıkardım."

Bilesin ki kalp bir kale gibidir, şeytan da oraya girip onu ele geçirmek, onu fethetmek isteyen bir düşman. Kaleyi düşmana karşı savunmak için onun kapılarından giriş yerlerinde ve gediklerinde nöbetçi bulundurmak gerekir. Bu nöbetçilik ve muhafızlık görevini kaleyi iyice tanımayanlar başaramaz.

Kalbi şeytanın vesveselerine karşı korumak, gereklidir. Bu görev, her mükellefe yüklenmiş bir farz-ı ayndır. Gerekli olan bir neticeye kendisi olmaksızın ulaşılmayan vasıta da gereklidir. Şeytanın sızma yollarını bilmeksizin kalbi ona karşı savunmakta başarıya ulaşılamaz.

Demek ki onun sızma yollarını bilmek farz oluyor. Şeytanın, kaleye benzettiğimiz kalbe girmek için kullanacağı yollar ve sızma yerleri kulun bir takım sıfatlarıdır. Bunlar çoktur. Bazıları şunlardır:

1. Öfke ve Azgın İstek

Öfke, aklı ürkütüp kaçıran bir canavardır, akıl zayıflayınca şeytanın ordusu hücuma geçer. İnsan öfkelendikçe, çocuğun topla oynadığı gibi şeytan onunla oynar.

Anlatıldığına göre Allah'ın velilerinden biri iblise; "Âdemoğlunu nasıl yendiğini bana söyle," der. Şeytan: "Öfke ve azgın arzuları kabardığı zaman onu ele alırım," diye cevap verir.

2. Kıskançlık ve İhtiras

İnsan bir şeye karşı ihtiras bağlayınca ihtirası, gözünü kör ve kulağını sağır eder. Böyle olunca da şeytana aradığı fırsat verilmiş olur. Aslında kötü ve çirkin de olsa arzusuna ulaştıran her vasıta, muhterisin gözüne güzel gelir.

Rivayete göre Hz. Nuh (a.s.) Allah'ın emrine uyarak her canlı türünden birer çift alarak gemiye bindiği zaman tanımadığı bir ihtiyarın geminin bir köşesine sindiğini görür, ona; "Gemiye niye girdin?" diye sorar. İhtiyar: "Adamlarının kalplerine sızmak için girdim, öylece kalpleri benim elimde kalırken senin yanında sadece vücutları kalacak," diye cevap verir. Bu cevap üzerine ihtiyarın kimliğini teşhiste gecikmeyen Hz. Nuh: "Defol buradan, ey Allah'ın düşmanı, sen melun şeytandan başkası değilsin," diye onu kovmak ister.

Bu sırada İblis, Hz. Nuh'a; "Ben insanları beş şey vasıtası ile helake sürüklerim, şimdi üçünü sana anlatacağım. Fakat geri kalan ikisini söylemem," der. O anda Yüce Allah, Hz. Nuh'a; "Bana ikisini söylesin, geriye kalan üç tanesi mühim değil," diye vahiy gönderir. Bunun üzerine Hz. Nuh şeytana; "İkisini söyle yeter," der. Şeytan Hz. Nuh'a şu karşılığı verir: "O ikisi öyle vasıtalardır ki beni hiç yalancı çıkarmamışlardır, hiçbir zaman beni hedefimden geri bırakmamışlardır, insanları bunlar sayesinde mahvederim.

Bunlar ihtiras ve kıskançlıktır. Kıskançlık yüzünden ben kendim lanetlenerek kovuldum. İhtirasa gelince, bir ağacın meyvesi dışında cennetteki her şey Âdem'e mubah kılınmıştı, ihtirasını alevlendirerek onu yasak ağacın meyvesinden yemeye ikna ettim."

3- Oburluk

İsterse yenen yemek sırf helâl olsun. Çünkü oburluk nefsin aşırı isteklerini güçlendirir, aşırı arzular da şeytanın silahlandır.

Rivayete göre bir gün İblis Hz. Yahya'ya (a.s.) görünür, elinde çeşitli maddelerden yapılmış bir yular tomarı vardır. Hz. Yahya: "Bu yularlar nedir?" diye sorar. Şeytan: "Bunlar insanları yakalamaya yarayan çeşit çeşit arzulardır," diye cevap verir. Hz. Yahya şeytana: "İçlerinde bana ait olanı var mı?" diye sorar. Şeytan der ki: "Galiba bir keresinde karnını tıka basa doyurmuştun da seni böylelikle namazdan ve zikirden alıkoymuştuk." Hz. Yahya: "Başka bir şey var mı?" diye sorar. Şeytan: "Hayır" der. Bunun üzerine Hz. Yahya: "Bir daha karnımı tıka basa doldurmamak, bundan sonra boynumun borcu olsun," der. Şeytan da Hz. Yahya'ya; "And olsun ki bundan sonra ben de hiçbir Müslümana nasihat etmeyeceğim," diye karşılık verir.

4- Elbise ve Mobilyada Süs Düşkünlüğü

Şeytan insanın kalbinde süse düşkünlük olduğunu görünce, bu yoldan tohum atar ve tohumların yumurtlamasını sağlar. Şeytan böyle şeylere karşı zaafı olan kimseyi durmadan yeni evler yapmaya, yapılan duvar ve tavanlarını türlü türlü geleneklere göre süslemeye ve odalarını genişletmeye çağırır, çeşit çeşit kıyafetler ve binek hayvanları ile bezenmeye davet eder ve insanı ömrü boyunca bu çeşit arzuların esiri halinde tutar.

Zaten bu yolda şeytan insanı bir kere kandırdıktan sonra ikinci bir sefer onu ele alması gerekmez çünkü bu zaafların biri diğerini çeker, kulun ömrü doluncaya kadar bu yolda yürür, nihayet günün birinde şeytanın yolunda ve doyumsuz arzuların emrinde iken oluverir.

Böyle kimselerin akıbetinin kötü olmasından korkulur. Allah hepimizi korusun!

5- İnsanlara Umut Bağlamak

Safvan İbni Süleym der ki: "Bir gün Abdullah İbni Hanzele'ye İblis görünür ve der ki: 'Ya İbni Hanzele! Sana bir şey öğretmek istiyorum...' İbni Hanzele: 'İhtiyacım yok,' diye karşılık verir. Şeytan: 'Bir dinle de bak, eğer yararlı ise kabul eder, değilse reddedersin. Ey İbni Hanzele, Allah'tan başka hiç kimseden kesin ümit bağlayarak bir şey isteme. Elde edemeyince kızmış olursun. Kızınca ne hale düştüğünü gör! Evet, öfkelendiğin zaman seni kolayca ele geçiririm,' der.

6- Acelecilik ve Sebatsızlık

Peygamberimiz (s.a.v.) buyuruyor ki: "Acelecilik şeytandan, ağır davranmak ise Allah'tandır." Çünkü insan aceleye kapılınca şeytan ona hiç ummadığı taraftan kötülüğünü benimsetir.

Rivayete göre; Hz. İsa (a.s.) doğduğu zaman, yandaşları derhal iblise koşup derler ki: "Yeryüzünde bütün putların başı eğildi." Şeytan onlara; "Olan oldu, siz yerinizde kalın," diyerek hemen uçuşa geçer. Yeryüzünün altını üstüne getirir, putların boyun eğmesine sebep olan olayı öğrenemez.

Sonunda Hz. İsa'nın (a.s.) doğduğunu tespit eder, çevresini bütün meleklerin kuşattığını görür. Bunun üzerine hemen yandaşlarının yanına döner ve onlara şöyle der: "Dün gece dünyaya bir peygamber geldi, bu çocuk hariç, hiç bir gebelik ve doğum hadisesi olmamıştır ki ben yanında bulunmayayım. Bu geceden sonra artık putlara tapılmaz, bundan ümidinizi kesin. Bundan sonra âdemoğullarına acelecilik ve densizlik yolu ile sokulmaya bakın."

7- Para ve Mal Düşkünlüğü

Yiyecek içecek ile diğer zarurî ihtiyaçların ötesinde kalan bütün varlık, hayvanat ve akaret şeytanın konağıdır.

Sabit el-Bünanî (r.a.) der ki: "Peygamberimize (s.a.v.) peygamberlik görevi verildiği zaman iblis şeytanlarına şunu söyledi: 'Bir şey oldu ama nedir bilmiyorum, gidin iyice öğrenin.' İblisin adamları her tarafı araştırdılar fakat ne olduğunu öğrenemeyerek geri döndüler; "Bir şey öğrenemedik," dediler. Bunun üzerine İblis: 'Ben size şimdi haber getiririm,' diyerek kayboldu.

Bir müddet sonra çıkageldi ve adamlarına; "Allah, Hz. Muhammed'i peygamber olarak görevlendirmiştir," dedi.

Bundan sonra İblis adamlarını peygamberimizin sahabelerine (Allah onlardan razı olsun) göndermeye başladı fakat her seferinde eli boş ve hayal kırıklığı içinde dönüyorlardı; dönüşte sözleri şunlar oluyordu: "Hayatımızda bir gün böyle adamlarla karşılaşmadık, tam yanlarına sokuluyoruz, namaza kalkıyorlar, böylece bütün gayretlerimiz boşa çıkıyor." Bu sözleri dinleyen İblis adamlarına şöyle dedi: "Onları bir müddet kendi hallerine bırakın, Allah'ın izni ile yakında bütün dünyayı fethedeceklerdir, o zaman biz de onlardan istediklerimizi sızdırırız."

Rivayete göre Hz. İsa (a.s.) bir gün bir taş parçasını yastık edinerek yere yaslanır, bu sırada yanına gelen şeytan ona; "Ya İsa! Galiba dünyadan hoşlanıyorsun," der. Bunun üzerine Hz. İsa (a.s.) taşı başının altından kaldırıp atar ve şeytana; "Dünya ile birlikte bu da senin olsun," der.

8- Cimrilik ve Yoksul Düşme Korkusu

İnsanı fakirlere yardım etmekten, sadaka vermekten alıkoyan, biriktirme ve varlık yığma hırsını kışkırtarak neticede acı azaba sürükleyen bu huydur. Pintiliğin afetlerinden biri mal biriktirmek için çarşı pazar dolaşmaktır. Zaten böyle yerler şeytanların cirit attıkları yerlerdir.

9- Taassup

Taassup, kendi görüşlerine körü körüne bağlanmak, karşı taraftakilere kin beslemek, onlara küçümseyen bakışlarla bakmaktır. Bu tutum, cemiyetin hem iyilerini ve hem de kötülerini birlikte helake sürükler.

Hasan el-Basrî der ki: "Duyduğumuza göre İblis şöyle demiş: 'Muhammed'in ümmetini ayartarak bazı günahlara soktum fakat Allah'tan af dileyip kusurlarını bağışlatarak belimi kırdılar. Fakat ben onlara öyle günahlar işletiyorum ki onlar için Allah'tan af dilemezler. Bunlar, boş arzu ve heveslere kapılarak burunlarının doğrusuna gitmeye dayanır.' Şeytan doğru söylüyor. Böyleleri, saplantıları yüzünden günahlara sürüklendiklerini bilmezler ki tövbe etsinler."

10- Müslümanlara Su-i Zanda Bulunmak

Bundan, hatta kötüleri itham etmekten bile kaçınmak gerekir. Herkesin kusurunu okuyarak, onun bunun hakkında kötü düşünceleri ileri süren kimse gördün mü bilesin ki onun, içi pistir ve kendi iç pisliği, dışına sızmaktadır. Şu halde insan şeytanın içeri girmesini önlemek için kalbinin bu kapılarını kapatmalı. Bunlara karşılık Allah'ı zikretmesine yardımcı olmalıdır.

İbni İshak (rahimehullah) şöyle der: "Kureyş kâfirleri sahabelerin Mekke'den Medine'ye hicret ettiğini görünce ve Peygamberimizin (s.a.v.) yeni taraftarlar kazandığını duyunca, O'nun gücünden korkmaya başladılar çünkü onun kendileri ile savaşmak üzere ordu toplayabileceğini anlamışlardı.

Bunun üzerine her zamanki toplantı yerleri olan Kusay İbni Kılâb'ın evi olan (Dar'ün-Nedve'de) durumu görüşmek için bir araya geldiler. Kabilenin bütün kararları bu evde yapılan toplantılarda alındığı için ona bu isim verilmiştir. Kureyş her şeye mutlaka burada karar verirdi. Bu toplantılara kırk yaşını doldurmayan ve Kureyş'li olmayanlar alınmazdı. Kureyşliler de bu şart aranmazdı, Ebû Cehil'in başkanlığında bir cumartesi günü toplanmışlardı. Bundan dolayıdır ki; "Cumartesi günü mekir ve hile günüdür," buyurulmuştur. Necidli bir ihtiyar kılığına girmiş olan İblis aralarında bulunuyordu. İblisin aralarına girmesi şöyle oldu: İpek bir cübbe veya taylasan giyerek alımlı bir ihtiyar kılığında kapıda belirmişti.

Kâfirler: "Bu ihtiyar kimdir?" diye sordular. İblis cevap verdi: "Necidliyim, ne için toplandığınızı duydum da söyleyeceklerinizi dinlemeye geldim; bazı noktalarda size fikir verme ve nasihatlerde bulunma ihtimalim de vardır." Bunun üzerine ona; "İçeri gir," dediler, o da girdi ve konuşmalara katıldı. Peygamberimize (s.a.v.) ne yapılması gerektiği konusunda tartışıyorlardı, yüz kişi idiler, bir rivayete göre ise on beş kişi idiler. İleri gelenlerinden biri olan Ebul-Buhtüri (Ki kâfir olarak Bedr savaşında öldü.) şu görüşü ileri sürdü: "Onu zincire vurup hapsedin, kapıyı üzerine kilitleyin ve bundan sonra ondan evvel gelip geçmiş şair ve büyücülerin başına gelen akıbetin onun da başına gelmesini bekleyin (Yani zindanda ölüme terk edin)."

Necidli ihtiyar (yani şeytan) bu fikre karşı çıkarak der ki: "Bu fikir isabetli değildir, Allah'a yemin ederim ki eğer siz O'nu zincire vurup hapsedecek olsanız, daha üzerine kapıyı kapatır kapatmaz başına gelenleri adamları duyacak, hemen baskın düzenleyip, O'nu elinizden alacaklar, sonra da karşınızda hindi gibi kabararak mukavemetinizi kıracaklardır, o yüzden bu fikir isabetli değildir, başka bir çare düşünün."

İleri gelenlerden bir diğeri olan Ebul Esved Rabia Bin Amri'l-Amirî şu görüşü ileri sürer: "O'nu aramızdan çıkarıp, beldemizden sürelim nereye isterse gitsin, hiç ilgilenmeyelim." Necdli (Allah'ın laneti üzerine olsun) bu görüşe de derhal karşı çıkar ve der ki: "Vallahi bu da çıkar yol değildir. Ne güzel konuştuğunu, ne kadar çekici bir mantığa sahip olduğunu ve ileri sürdüğü yeni görüşler ile herkesin kalbini nasıl büyülediğini görmüyor musunuz? Eğer onu buradan kovacak olursanız, bir Arap kabilesine varıp aralarına yerleşebilir, onları tatlı dili ile kandırarak size karşı kışkırtabilir. Sonra da toplayacağı bir ordu ile üzerinize yürüyerek elinizden iktidarı alabilir ve size istediğini yapabilir. Onun hakkında başka bir çare düşünmelisiniz."

Bunun üzerine meşhur Ebu Cehl söz alarak der ki: "Vallahi, O'nun hakkında benim bir fikrim var ama sizin sözleriniz buna uzak kalıyor. Bana kalırsa her kabileden gözü pek, atılgan, becerikli birer delikanlı seçeceksiniz, ellerine birer keskin kılıç vereceksiniz, üzerine çullanacaklar, hepsi bir adam vuruyormuş gibi aynı anda kılıçlarını çekip üzerine indirecekler ve nefes almaya fırsat vermeden canını alacaklar, böylece ondan kurtulmuş oluruz. Bütün kabileler suç ortağı olacağı için onun kabilesi olan Abdül-Menaf kabilesi, diğerlerinin tümüne karşı onun kan davasını gütmeye cesaret edemezler, hep birlikte diyetini veririz, olur biter."

Necidli ihtiyar, (Allah'ın laneti üzerine olsun) Ebu Cehl'in sözü bitince der ki: "Görüş budur, başka çare göremiyorum."

Böylece o toplantıda peygamberimizi (s.a.v.) öldürmeye karar vererek dağıldılar. Fakat bu sırada Cebrail (a.s.) peygamberimize (s.a.v.) gelerek; "Bu gece her zamanki yatağında yatma," diye talimat verir.

Gece olunca Kureyş kâfirlerinin seçkin silahşorları peygamberin evi önünde pusu kurdular, uyumasını gözetliyorlardı, uyuyunca üzerine çullanacaklardı. Öte yandan peygamber (s.a.v.) Hz. Ali'yi (k.v.) o gece yatağında yatmakla görevlendirdi, Hz. Ali bu hadiseden sonra Peygamber'in cuma ve bayramlarda giyindiği yeşil bir paltoyu üstüne çekerek yatağa uzandı. Böylelikle Hz. Ali (k.v.) kendini Allah'a adayarak peygamberin hayatını kurtaran ilk Müslüman oldu. Kendini ölüme ve esarete adamıştır.

O gece peygamberimiz (s.a.v.) silahşorların önünde evden çıktı, Allah onların gözünü kararttığı için hiçbiri onu göremedi, Yasin suresinin şu kısmını okuyarak onların her birinin başına daha önce avucuna almış olduğu toprağı saçmıştı.

Peygamber' in okuduğu ayetler şunlardır: Yüce Allah buyuruyor ki: "Yasin, hikmet dolu Kur'an hakkı için hiç şüphesiz, sen peygamberlerden birisin, dosdoğru yol uyarınca. O kitap (Kur'an), gücü her şeye yeten, bağışlayıcı tarafından indirilmiştir, ataları ikaz edilmemiş olan bir kavmi ikaz etmek için. Onların çoğu üzerinde söz (hüküm) gerçekleşti, onlar artık iman etmezler. Biz onların boyunlarına, çenelerine kadar dayanan tasmalar taktık, bu yüzden başlarını sağa sola çeviremezler. Ayrıca biz onların önlerine ve arkalarına birer set çektik ve onları örttük, bundan dolayı göremezler."

Böylece peygamberimiz (s.a.v.) evden ayrılarak dilediği yere yolcu oldu. Bu sırada silahşorların yanına, daha önce aralarında bulunmayan bir yabancı geldi, onlara: "Burada ne bekliyorsunuz?" diye sordu. Silahşorlar: "Muhammedi" diye cevap verdiler. Yabancı onlara dedi ki: "Allah sizi hayal kırıklığına uğrattı. Vallahi O, sizin önünüzden geçip gitti. Giderken de her birinizin başına toprak serpti ve dilediği yolu tuttu. Başınızın üstüne baksanıza!"

Bunun üzerine herkes eli ile başını yokladı, tepelerine toprağın serpildiğini gördüler. Hemen pusudan çıkarak peygamberimizin (s.a.v.) odasına girdiler ve Hz. Ali'yi (k.v.) peygamberimizin paltosuna bürünmüş yatakta buldular: "Vallahi, bu Muhammed'dir, işte, paltosuna bürünmüş, uyuyor," dediler. Bu düşünce ile sabahladılar, fakat yataktan Hz. Ali (k.v) kalktı. O zaman; "Bizimle geceleyin konuşan yabancı doğru söylemiş," dediler. Kur'an-ı Kerimin şu ayeti bu konuda inmiştir. Yüce Allah şöyle buyuruyor: "Hani bir keresinde o kâfirler, ya öldürmek veya sürmek üzere seni tutuklamak için tuzak kurmuşlardı. Onlar tuzak kurarlar ama Allah onların tuzağını boşa çıkarır. Hiç şüphesiz Allah tuzakları en hayırlı şekilde boşa çıkarandır." (Enfâl Süresi,30)

EMÂNET VE TEVBE

Rivayete göre Muhammed İbni Münhedir şöyle der: “Babamın bana şöyle anlattığını hatırlıyorum; bir defa Süfyan es-Sevri, Harem-i Şerif i tavaf ederken her adım başında peygambere salat-ü selam getiren bir adama der ki: ‘Behey adam! Sen teşbih ve tehlili bırakmışsın, kendini tamamen peygambere salat-ü selam getirmeye vermişsin, bu hususta bir bildiğin mi var?’ Adam ona; ‘Allah günahını bağışlasın sen kimsin?’ diye sorar, ben ona; ‘Süfyan es-Sevri’yim,’ diye cevap verir. Bunun üzerine ona şunları söyler: ‘Eğer sen zamanının en büyük zahidi olmasaydın sana durumumu anlatmaz, seni sırrıma ortak etmezdim.

Şimdi dinle: Babamla birlikte hac için yola çıkmıştık, bir konak yerinde babam hastalandı, yoluculuktan geri kalarak durumu ile ilgilendim. Fakat sonunda öldü, ruhu çıkınca yüzü kapkara kesildi. Ben dehşete kapılarak innâ lillâhi ve innâ ileyhi râciûn, dedim ve yüzünü örttüm. Bu sırada göz kapaklarım ağırlaştı, üzgün bir ruh hali içinde uykuya daldım. Rüyamda, hayatta hiç o kadar güzel yüzlüsünü, o kadar temiz kılıklısını ve o derecede hoş kokulusunu görmediğim birini gördüm, ağır adımlar ile yürüyerek babamın yanına sokuldu, kefeni yüzünden kaldırıp elini yüzünün üzerinden geçirir geçirmez, babamın yüzü bembeyaz oldu. Sonra yerinden kalkmış, gidiyordu, elbisesinin ucuna asılarak, ey Allah'ın kulu kimsin, sen ki bu gurbet elinde Allah seni babama ihsan buyurduğu nimete vasıta kıldı, diye sordum, bana şöyle cevap verdi. Beni tanımadın mı? Ben Abdullah oğlu Muhammed'im, Kur'an'ın sahibi. Baban günahkâr bir kimse idi fakat bana çok salat-ü selam getirirdi. Ölürken başına bu hal gelince benden imdat istedi, ben ise üzerime salat-ü selam getirenlerin imdadına hemen koşarım. Bu sırada uyandım, bir de baktım ki babamın yüzü gerçekten bembeyaz olmuştu."

Amr İbni Dinar'ın Ebu Cafer'den rivayete ettiğine göre, şöyle buyuruyor: "Bana salat-ü selam getirmeyi unutanlar, cennetin yolunu bulamazlar."

Bilesin ki emanet kelimesi, emin mastarından türemiştir. Çünkü bu sıfatın varlığı, haksızlığın önlenmesini güven altına alır. Emanetin zıddı olan hıyanet ise hayn mastarından türemiştir, kelime manası ile eksiklik demektir. Çünkü sen birine herhangi bir hususta hainlik ederken, o şeyde ona bir eksiklik bir yetersizlik gösteriyorsun demektir.

Peygamberimiz (sav) buyuruyor ki: "Hile, aldatma ve emanete hıyanet, cehennemliktir." (Bu sıfatları taşıyanlar cehenneme girecektir.)

Yine buyuruyor ki: "İnsanlar ile münasebet kurup onların hakkını yemeyenler, başkaları ile konuşup onlara yalan söylemeyenler, mertliği kemale erdiren, adalete bağlılığını ortaya koyan ve kardeşlik duyguları olgunlaşmış kimseler, kurtulmaları vacip olan kimselerdir."

Bir gün bir çöl bedevisi, bir kavmi şu sözler ile methetmişti; "Emanete saygı hakkında son derce titizdirler, kendilerine teslim edilmiş olan hiçbir vazifede haktan ayrılmazlar. Hiçbir Müslümanın temel haklarından birini çiğnemezler. Onların omuzlarında hiç kimsenin mesuliyeti kalmaz. Onlar, ümmetlerin en hayırlısıdır."

Ben de diyorum ki çöl bedevisinin övdüğü bu çeşit kimselerin artık soyu kurumuştur; biz şimdi bu zamanda sadece insan kılığında kurtlar görüyoruz.

Huzeyfe'nin (r.a.) rivayet ettiğine göre (s.a.v.) şöyle buyurmuştur: "Gün gelecek, güven öylesine ortadan kalkacaktır ki insanlar birbirleri ile alış veriş yapacaklar. Fakat hiç biri emaneti korumaya yanaşmayacak ve filan oğulları arasında da güvenilir biri var, diye konuşulacaktır."

Bilesin ki günahlardan tövbe etmek hem ayet ve hem de hadisler ile farz kılınmıştır. Nitekim Yüce Allah (cc) şöyle buyurur: "Ey iman edenler! Hepiniz Allah'a tövbe ediniz, ola ki felaha eresiniz." (Nur Süresi, 31)

Yine Ulu Allah buyuruyor: "Ey iman edenler! Günahlarınızdan tövbe-i nasuh ile tövbe ediniz. Hiç şüphesiz Rabbiniz kusurlarınızı örter ve sizi altından ırmaklar akan cennetlere koyar. O gün Allah, peygamberi ile iman edip onunla beraber olanları rezil etmeyecek, bu kimselerin nurları sağlarında ve önlerinde koşacak, onlar; 'Ey Rabbimiz! Nurumuzu tamamla, günahlarımızı bağışla, hiç şüphesiz, sen her şeye kadirsin,' diyeceklerdir."

Peygamberimiz buyuruyor ki: "Günahlarından tövbe eden, Allah'ın sevgilisidir. Günahlarından tövbe eden, hiç günahı olmayan kimse gibidir."

Yine buyuruyor ki: "Yüce Allah, mümin kulun, günahlarından tövbe etmesine şu adamdan daha çok sevinir; adam tehlikeli bir çölde konaklamıştır, yanında yiyecek ve suyunu taşıyan bir binek hayvanı vardır, başını yere dayar ve bir müddet uyur, uyanınca görür ki binek hayvanı ortalıkta yoktur. Onu aramaya koyulur, fakat uzun dolaşmaları esnasından açlıktan, susuzluktan ve bunlara eklenen daha nice sıkıntıdan bunalmıştır; konak yerine döneyim, yatıp uyuyayım da öyle öleyim, der.

Konak yerine varıp yere çöker, başını dizlerine dayar ve öleyim", diye uyur. Fakat uyanınca binek hayvanını yanı başında görür, yiyecek ve suyu da hayvanın sırtındadır. İşte, Yüce Allah tövbe eden kulu için karşısında binek hayvanını, hiç ummadığı bir anda buluveren bu çöl yolcusunun duyduğu sevinçten daha şiddetli bir sevinç ile sevinir."

Hasan'dan (r.a.) naklen bildirildiğine göre, Hz. Âdem (a.s) günahından tövbe edip de tövbesi Allah tarafından kabul edilince, melekler kendisini tebrik ettiler. Cebrail ile Mikail yanına inerek ona; "Ey Âdem! Gözün aydın, Allah tövbeni kabul etti," dediler. Hz. Âdem, Cebrail'e: "Ey Cebrail! Tövbem kabul buyurulduğuna göre bundan sonraki durumumu öğrenmek istiyorum," dedi. Bunun üzerine Yüce Allah vahiy yolu ile Hz. Âdem'e şunları bildirdi: "Ya Âdem! Soyundan gelenlere, sen sıkıntı ve kederi miras bırakıyorsun. Ben de onlara tövbe miras bırakıyorum. Onlar içinden hangisi bana dua ederse, senin dileğini nasıl yerine getirdimse onun da duasını öylece kabul ederim. Kim benden günahlarının, bağışlanmasını isterse, bağışımı ondan esirgemem. Çünkü ben, bana el açanların en yakını ve dileklerinin karşılayıcısıyım. Günahlarından tövbe edenleri, duaları kabul edilmiş, sevinçli ve güler yüzlü olarak kabirlerinden çıkarıp mahşere yolcu ederim."

Peygamberimiz (sav) buyuruyor ki: "Güneş battığı yerden doğuncaya (kıyamete) kadar Yüce Allah, gece günah işleyenlere gündüz, gündüz günah işleyenlere de geceleyin elini uzatır."

Buradaki el uzatmak ifadesi, tövbe etmeyi istemekten kinayedir. İsteyen, kabul edenden daha önemli bir mana taşır çünkü nice kabil var ki istemez. Oysaki isteyen mutlaka kabul eder.

Yine peygamberimiz (s.a.v.) buyuruyor ki: "Üst üste yığılsa da göğe yükselecek kadar çok günah işleseniz bile, arkasından yaptıklarınıza karşı pişmanlık duysanız, kuvvetle ümit edilir ki Allah tövbenizi kabul eder."

Kul günah işler de o günahla cennete girer.

Oradakiler; "Bu nasıl olur Ya Resulallah!" diye sorarlar. Onlara şöyle cevap verir: "Göz açıp kapayasıya günahından uzaklaşarak hemen tövbe eder, böyle cennete girer."

Yine Peygamberimiz (s.a.v.) buyuruyor ki: "Günahın kefareti, pişmanlık duygusudur."

Yine buyuruyor ki: "Günahlarından tövbe edenler, hiç günahı olmayan kimseler gibi olurlar."

Rivayete göre bir Habeşli peygambere gelerek sordu. "Ya Resulallah! Eğer ben çirkin davranışlarda bulunsam tövbem kabul olur mu?" Ona; "Evet" diye cevap verdi. Bunun üzerine kalkıp gitti. Sonra geri dönerek yine sordu: "Ben o çirkin davranışları işlerken Allah beni görüyor mu?" Peygamber: "Evet" diye cevap verince Habeşli öyle bir nara attı ki arkasından hemen yere düşerek can verdi.

Rivayet edildiğine göre Yüce Allah, iblisi dergâhından kovunca o, Allah'tan uzun ömür istedi. Allah da dileğini kabul ederek ona kıyamet gününe kadar ömür tanıdı.

Bunun üzerine İblis Allah'a; "İzzetin ve celalin hakkı için canlı kaldıkça âdemoğlunun kalbinden çıkmam," dedi. Buna karşılık Yüce Allah da Şeytana; "İzzet ve celalim hakkı için can teninde durdukça ben de onun tövbesini reddetmem," diye cevap verdi.

Peygamberimiz (s.a.v.) buyurur ki: "Suyun kiri yıkayıp gidermesi gibi iyilikler kötülükleri giderir."

Said İbni Müseyyib'in bildirdiğine göre, Yüce Allah: "Şüphesiz ki o, günahlarından dönenlerin bağışlayıcıdır." Ayeti kerimesi, günah işleyip tövbe ettikten sonra tövbesini bozarak yine günah işledikten sonra tövbe eden bir adam hakkında indirmiştir.

Fudayl der ki: "Yüce Allah şöyle buyurur: 'Günah işleyenleri müjdele ki eğer tövbe ederler ise tövbelerini kabul ederim. Dosdoğru yoldan yürüyerek ibadet işleyenlere bildir ki eğer onlara sırf adaletime göre muamelede bulunursam, onları azaba çarptırırım."

Anlatıldığına göre İsrailoğullarından bir delikanlı, yirmi sene Allah'a ibadet ettikten sonra doğru yoldan sapmış arkasından yirmi sene de günah ve kötülük işlemiştir. Bir gün aynaya bakarken sakalına ak düştüğünü görür, bu duruma canı sıkılır ve Allah'a şöyle seslenir: "Allah'ım sana yirmi sene ibadet ettikten sonra sapıtarak yirmi yıl boyunca günah işledim. Şimdi yine sana dönersem beni kabul eder misin?"

Kulağına şöyle diyen gizli bir ses gelir: "Bizi sevdin, biz de seni sevdik. Bizi bıraktın, biz de seni bıraktık. Bize karşı geldin, seni kendi haline bıraktık. Eğer şimdi bize dönersen seni yine kabul ederiz."

İbni Abbas'tan rivayet edildiğine göre, şöyle buyuruyor: "Kul günahından tövbe ettiği zaman, Allah tövbesini kabul ettiği gibi solundaki meleklere, onun aleyhinde yazmış oldukları kötü amellerinin unutturur. Vücudunun azalarına, yeryüzündeki ikametgâhına ve gökteki makamına da günahlarını unutturur. Böylece kıyamet günü Allah'ın huzuruna gelince aleyhinde şahitlik yapacak hiçbir varlık bulunmaz."

Hz. Ali'den (r.a.) rivayet edildiğine göre, peygamberimiz (s.a.v.) şöyle buyurur: "Varlıkların yaratılışından dört bin yıl önce Arş'ın eteklerinde şu yazı vardı: Ben, tövbe eden, iman edip iyi amel işleyen ve sonra da doğru yolda gidenlerin günahlarını mutlaka bağışlayacağım."

Allah Teâlâ buyuruyor ki: "Allah'tan korkan kullar çirkin bir iş yaptıkları zaman yahut nefislerine zulmettikleri vakit, Allah'ı hatırlayarak günahlarını affedilmesini dilerler, zaten Allah'tan başka günahları kim affedebilir ki? Ayrıca bu kimseler bile bile yapmış oldukları kötülüklerde ısrar etmezler." (Âl-i İmran Süresi, 135)

Nasuh Tövbesi kulun hem dışından ve hem de içinden, bir daha günah işlemeye dönmemek için kesin kararlı olarak tövbe etmesidir.

Sadece dıştan günahlarına tövbe edenlerin durumu, üzerine ipek örtü serilen bir çöplüğe benzer, insanlar bu ipekle saklanmış yığına hoşlanarak bakarlar fakat örtü kalkınca yüzlerini ondan çevirirler.

Bunun gibi insanlar görünüşte ibadet işleyenlere imrenerek bakarlar. Ama kıyamet günü, sırların ortaya çıktığı gün, örtü kalkınca melekler onlardan yüz çevirir.

Nitekim (s.a.v.) şöyle buyurur: "Allah sizin kalıplarınıza, dış görünüşlerinize değil, kalplerinize ve niyetlerinize bakar."

İbni Abbas'tan rivayet edildiğine göre; "Nice tövbekâr kimseler vardır ki kıyamet günü kendilerini tövbe etmiş sanarak Allah'ın huzuruna gelirler. Oysaki gerçekte tövbe etmiş değildirler."

Çünkü onlar tövbenin aşağıdaki esaslarını tamamlamamışlardır. Tövbenin esasları şunlardır:

1. Pişmanlık duygusu.
2. Terk ettiği günahı bir daha işlememeye kesin karar vermek.
3. Mümkün ise haksızlığa uğratılanlar insanlara haklarını geri verip bu hususta helalliklerini almak.
4. Bu mümkün değilse tövbe eden kimsenin gerek kendi hesabına ve gerekse haksızlık ettiği kimseler namına Allah'tan sık sık mağfiret dilemesidir. Böylelikle umulur ki Allah, haksızlığa uğrayanların kendisinden hoşnut olmalarını sağlar.

Günahları unutmak ise en çirkin musibetlerdendir. Buna göre aklı başında olan herkesin kendisi ile her zaman hesaplaşması ve günahlarını unutmaması gerekir.

Nitekim buna dair bir şair şöyle der: "Ey, cürümlerini sayan günahkâr. Günahlarını unutma, geçmiştekileri de hatırlar. Ölmeden önce Allah'a tövbe et ve yenisinden kendi alıkoy. Ey asi! İtiraf edeceksen, günahını itiraf et."

Fakih Ebul Leys (r.a) şöyle buyurur: "Bir gün Hz. Ömer (r.a.) peygamberin (s.a.v.) huzuruna ağlayarak girdi. Ona; "Niçin ağlıyorsun?" diye sordu. Hz. Ömer: "Kapıda bir delikanlı var, öylesine ağlıyor ki yüreğimi yaktı," diye cevap verdi. Hz. Ömer'e; "Onu içeri al," buyurdu.

Delikanlı ağlayarak içeri girdi. Ona; "Ey delikanlı niçin ağlıyorsun?" diye sordu. Delikanlı: "Ey Allah'ın Resulü! Birçok günahıma ağlıyorum, bana kızgın olan Allah'tan korkuyorum," diye cevap verdi. Ona; "Allah'a ortak koştun mu?" diye sordu. Delikanlı: "Hayır" dedi. "Haksız yere adam öldürdün mü?" diye sordu. Delikanlı: "Hayır" dedi.

Bunun üzerine delikanlıya; "O halde yedi kat gök, yedi kat yer ve dağlar kadar bile olsa, Allah günahlarını affeder," dedi. Delikanlı: "Ya Resulallah! Benim günahlarım bunlardan daha büyüktür," dedi. Delikanlıya; "Senin günahların Kürsi'den daha mı büyük?" diye sordu. Delikanlı: "Evet, daha büyük," diye cevap verdi." Delikanlıya; "Senin günahların mı, yoksa Arş mı daha büyüktür?" diye sordu. Delikanlı: "Günahlarım daha büyük," diye cevap verdi. "Senin günahların mı büyük, yoksa Allah'ın affı mı?" diye sordu, Delikanlı: "Hiç şüphesiz Allah daha büyük ve yücedir," diye cevap verdi. Bunun üzerine Delikanlıya; "Hiç şüphesiz, kocaman bir günah yığınını ancak Yüce olan Allah affeder, onun yüce bağışlayıcılığı bu yığını silebilir," dedi.

Daha sonra delikanlıya; "İşlediğin günahı bana söyle," dedi. Delikanlı: "Senden utanırım, Ya Resulallah," diye cevap verdi. Peygamberimiz gencin söylemesi için ısrar edince, genç şunları anlattı. "Ben yedi yıldan beri kefen soyardım, geçenlerde Ensar'dan bir cariye ölmüştü, vardım kabrini açtım, kefenini soydum. Kalktım, henüz birkaç adım uzaklaşmıştım ki şeytan beni dürttü, geri döndüm ve ölü cariyenin ırzına geçtim. Yine kalkmış gidiyordum. Henüz birkaç adım uzaklaşmıştım ki cariyenin ayakları üzerine dikildiğini gördüm, bana şöyle sesleniyordu. 'Ey delikanlı! Yazık sana! Mazlumun hakkını zalimden alan Allah'tan utanmıyor musun? Beni ölüler arasında çıplak ve Allah katında cünüp bıraktın."

Bu itirafı duyan peygamber son derece teessür ve hiddete kapılarak, genci huzurundan dışarı çıkarır. Peygamberin huzurundan kovulan genç, kırk gece Allah'a devamlı tövbe etti. Kırkıncı gece dolunca başını göğe kaldırarak şöyle seslendi: "Ey Muhammed'in, Âdem'in ve İbrahim'in Rabbi! Eğer beni affettiysen, bunu Hz. Muhammed'e ve onun sahabelerine bildir, değilse gökten ateş indir ve beni içinde yak, böylece beni Ahiret azabından kurtar."

Bu sırada Cebrail (as) peygambere inerek ona şöyle dedi: "Ya Muhammed, Rabbin sana selam ediyor ve varlıkları sen mi yarattın, diye soruyor." Cebrail'e; "Haşa, hem beni ve hem de onları yaratan, benim ve onların rızkını veren odur." diye cevap verdi. Bunun üzerine Cebrail: "Allah sana bildiriyor ki ben o delikanlının tövbesini kabul ettim."

Bunun üzerine hemen delikanlıyı yanına çağırır ve Allah'ın, tövbesini kabul ettiğini kendisine müjdeler.

Anlatıldığına göre; Hz. Musa (as) zamanında, tövbesinde durmayan, yaptığı her tövbeyi çok geçmeden bozan bir adam vardı. Böylece yirmi yıl geçti. Bir gün yüce Allah, bu adam hakkında Hz. Musa'ya; "Falan kuluma söyle ki ona gazap ettim," diye vahyetti.

Hz. Musa (as) kendisine bildirileni adama ulaştırdı. Adam üzüldü, çöle çıktı ve şöyle seslendi: "Allah'ım! Kullarını sen rahmetinden uzak tutarsan, onlar kime yalvarırlar! Sen onları kovarsan kime başvursunlar! Allah'ım eğer üzerimdeki rahmetin sona ermiş ve beni mutlaka azaba çarptıracaksan, o zaman bütün kullarını azabını bana yükle, ben nefsimi onlara feda ettim."

Adam bu yakarışı üzerine Yüce Allah, Hz. Musa'ya şöyle vahyetti: "Ya Musa! O kuluma var, de ki kudretimin, bağışlayıcılığımın ve merhametimin kemali ile beni tanıdığına göre günahları bütün yeryüzünü doldursa bile seni bağışlıyorum."

Nitekim (s.a.v) buyurur: "Allah katında en sevimli ses, tövbekâr bir günahkârın; "Ya Rabbi" diyen sesidir. Yüce Allah, bu sese şöyle cevap verir: "Buyur ya kulum! Ne istiyorsan söyle, sen benim katımda meleklerimden biri gibisin. Ben senin hem sağında, hem solunda ve hem de üstündeyim, içinden geçen duygularından sana daha yakınım! Ey meleklerim şahit olun, bu kulumu affettim."